신선 두꺼비가 지키는

전통 사찰 이야기

신선 두꺼비가 지키는
전통 사찰 이야기

펴낸날 2025년 7월 17일

지은이 권오만
펴낸이 주계수 | **편집책임** 이슬기 | **꾸민이** 전은정

펴낸곳 밥북 | **출판등록** 제 2014-000085 호
주소 서울시 마포구 양화로 156 LG팰리스 917호
전화 02-6925-0370 | **팩스** 02-6925-0380
홈페이지 www.bobbook.co.kr | **이메일** bobbook@hanmail.net

© 권오만, 2025.
ISBN 979-11-7223-084-5 (03300)

※ 이 책은 저작권법에 따라 보호받는 저작물이므로 무단전재와 복제를 금합니다.

천년을 지켜온 사찰 공간과 건축의 비밀

신선 두꺼비가 지키는

전통 사찰 이야기

권오만

밥북
B·O·O·K

들어가는 말

우리의 전통 사찰에는 숨겨진 이야기가 무궁무진하다.

종교 공간이 주는 위안과 평안은 물론 곳곳에 새겨진 깊은 지혜와 은은한 향기 같은 종교적 메타포를 만날 수 있다. 역사와 전통에 녹아든 우리의 숨결과 문화도 느낄 수 있다. 또 아무도 관심 두지 않는 쓸모없고 못생긴 나무를 아름답게 재창조한 수준 높은 건축기술을 만나고, 공간의 한계를 극복하고 오히려 장점으로 전환시킨 차원 높은 공간 활용 기술도 만날 수 있다.

사찰이라는 전통 공간이 주는 신비로움과 특별함을 찾아 지금부터 여행을 떠나 보자.[1]

---

1 이 책은 월정사를 중심축으로 삼아 내용을 전개하되, 독자의 이해를 돕기 위해 필요할 경우 다른 사찰의 사례나 이야기도 함께 소개하는 형식으로 구성하였다.

천년을 지켜온 사찰 건축의 비밀은 무엇일까?

　현대 건축에서 공간을 만들기 위해 환경적 부담이 큰 고강도의 결합 재료와 인공적인 보강 소재를 개발하여 사용하고 있지만, 전통 목조 건축에서는 자연 그대로의 재료를 활용하여 지혜로운 시공법을 적용했다. 그중 하나가 '그랭이질'이다. 그랭이질은 울퉁불퉁한 자연석 위에 기둥을 세우기 위해 목재를 정밀하게 다듬는 작업으로, 봉정사 극락전과 같은 목조 건축물이 800년 이상을 버틸 수 있었던 비결이다.

못생긴 나무가 주는 특별함

　또한, 일반적으로는 건축 자재로서 반듯하게 정형화된 형태의 목재를 선호하지만, 전통 사찰에서는 생김새가 비뚤어지고 옹이가 많은 나무도 그대로 활용했다. 틀어지고, 옹이진 나무를 살려내는 목수의 자신감과 수준 높은 안목은 단순한 미적 감각을 넘어, 자연과 조화를 이루려는 건축 철학에서 비롯된 것이다. 그렇게 자연을 거스르지 않는 방식으로 지어진 건축물은 시간이 지날수록 오히려 더욱 깊은 멋을 자아낸다. 화엄사 구층암의 자연목 기둥이 그 대표적인 예다.

비움을 통해 채움을 완성한다

사찰 건축에서는 종교적 교리에 어울리는 '비움'을 통해 '채움'을 구현하는 철학이 담겨 있다. 지붕의 하중을 분산시켜 구조적 균형을 유지해주는 기능을 수행하는 '공포(栱包)'가 그 예이다. 전통 사찰 법당과 문루의 지붕을 구성하는 다포양식의 목조 구조에서 공포의 배열을 들여다보면, 공포와 공포 사이의 공간은 부처가 가부좌를 틀고 앉아있는 형상을 연상시키도록 설계되었다. 바로 '공조불(空造佛)'이다. 지붕을 떠받치는 단순한 구조적 기능을 넘어 공간에 내재된 궁극의 종교적 의미를 숨겨놓은 것이다. 공간이 가지고 있는 종교·철학적 메시지를 전달하는 전통 건축 기술의 정수를 보여준다.

불리한 지형을 장점으로 전환시킨 공간 구성

사찰 공간 구성의 또 다른 특징은 점승법(漸昇法)이다. 이는 지형의 높이 변화에 따라 점진적 상승을 통해 접근할 수 있도록 공간을 배치하는 방식이다. 경사진 지형에서도 자연과 조화를 이루면서, 공간 접근과 활용의 불리함을 극복하려는 지혜를 담고 있다. 이러한 배치는 건물들이 계단식으로 배치되면서도 자연스럽게 연결되도록 하며, 방문자가 사찰을 오르내릴 때 점층적으로 전환되는 공간의 변화를 경험하게 한다. 이는 고행과 정진의 과정을 통해 깨달음에 이르는 불교적 세계관과도 맞닿아 있다.

또한, 사찰 공간에 설치된 문은 물리적인 출입 통제의 역할이 아니라 수행의 과정으로 기능한다. 보통 일주문을 지나 사천왕문을 거쳐 본격적인 사찰 경내로 들어서게 되는데, 이는 속세에서 출세간(出世間)으로 넘어가는 상징적인 과정이다. 일주문을 통과하며 세속의 번뇌를 내려놓고, 천왕문에서는 불법(佛法)을 수호하는 신장(神將)들의 위엄을 통해 마음을 정화한다. 이렇듯 사찰 공간은 방문자의 심리적 변화를 유도하는 고도의 계산된 구조적 장치를 갖추고 있다.

극적인 공간 연출과 절대 권력을 통제하는 지혜

사찰에서는 '누하진입법'을 활용해 극적인 공간 전환을 연출하기도 한다. 좁고 어두운 누마루 아래 통로를 지나면 밝고 넓은 공간을 펼쳐놓는 방식으로, 이는 속세와 신성한 세계를 연결하는 장치로 작용한다. 이는 노벨문학상을 수상한 가와바타 야스나리의 소설 『설국』에서 터널을 통과하며 필자가 풀어내려는 새로운 세계로 공간을 이동시키는 것과 같은 극적인 전환과 몰입 효과를 준다. 이러한 방법은 조선시대 양반들의 횡포로부터 사찰을 보호하기 위한 공간 전략이기도 하다. 말을 탄 채 들어올 수 없도록 막아선 누각의 낮은 입구로의 출입 방식은 신분과 권력의 차이를 넘어, 누구나 경건한 마음가짐으로 사찰에 들어서도록 유도한 절묘한 출입 통제 장치였다. 수행의 공간을 지키기 위한 지혜로운 공간 구성 방식이 엿보이는 대목이다.

다른 것을 포용하는 사찰 공간

사찰은 불교만의 공간이 아니다. 우리의 전통 사찰에는 불교와 토착신앙이 융합된 공간이 곳곳에 존재한다. 삼성각은 불교와 무관한 토속신앙과 도교적 요소를 수용한 공간으로, 중심에서 다소 떨어진 곳에 배치하지만 이는 배척이 아닌 존중과 포용의 의미를 담고 있다. 사찰은 다양한 신앙과 전통이 공존하는 열린 공간이며, 토속신앙까지 품음으로써 외래 종교로서의 이질적 경계를 허물고 전통 신앙의 중심으로 자리 잡게 했다. 배척하기보다는 품을 넓혀 배려하고 끌어안는 포용을 통해 주인이 된 것이다.

사찰, 오래된 지혜가 살아 있는 공간

한국의 전통 사찰은 단순히 자연과 조화를 이루는 데 그치지 않고, 마치 원래부터 그 자리에 있었던 자연의 일부처럼 존재하는 건축적 특성을 지닌다. 또한, 다양한 신앙을 포용하고, 수행과 성찰의 공간으로서 중요한 역할을 해왔다. 그러기에 사찰은 종교적 공간을 넘어, 오랜 세월 동안 자연과 문화, 역사가 조화를 이루며 축적된 지혜가 깃든 공간이며, 엄숙한 수행처이자, 삶의 철학이 녹아있는 장소이다.

그러나 현대 사회에서는 편리함과 새로움을 추구하는 흐름 속에서 전통 사찰의 가치를 제대로 인식하지 못하고, 이를 단순히 보호해야 할 경직된 종교 유적지로 인식하는 경향이 있다. 하지만 사찰은 그 이상의 의미를 지닌다. 우리 삶에 깊이와 가치를 더해주는 귀중한 문화유산이며, 우리가 관심을 가지고 다가갈 때 그 속에 담긴 풍성한 이야기와 지혜를 통해 더 큰 통찰을 선사한다.

이 책 『신선 두꺼비가 지키는 전통 사찰 이야기』는 사찰이 종교적 공간을 넘어 사회적 철학과 건축적 지혜가 담긴 장소임을 소개하고자 하였으며, 이를 통해 전통 사찰의 가치와 매력을 새롭게 인식하고 깊이 있는 통찰을 얻을 수 있는 계기가 되기를 기대한다.

2025. 여름, **권오만**

차례

들어가는 말   4

1장
전통 사찰, 그 안의 원리와 신비

- 천년을 지켜내는 건축기법, 그랭이질   14
- 못생긴 나무는 특별한 매력이 있다   23
- 여행의 시작은 시골 장터   27
- 사찰의 공간 구성, 문·루·법당   33
- 사찰에 이르는 첫 번째 산문, 일주문   37
- 현판과 편액, 건물에 새겨진 시와 이름   41
- '가람'은 절? 강? 가수?   44
- 이해하기 힘든 일주문의 목조 구조물   56
- 주심포와 다포로 나뉘는 목조가구 형식   62
- 허공에 나타난 부처님, 공조여래좌상   66
- 공조불의 상징적 의미와 종교적 친연성   71
- 윤회사상과 테셀레이션의 데자뷔   77

2장
지혜와 예술이 숨 쉬는 공간

* 울울창창 전나무 숲은 왜 있을까? — 80
* 적승법, 공간의 불리함을 극복하다 — 84
* 종교적 엄숙함과 경건함을 유도하는 산문 — 87
* 극적인 분위기 전환의 장치, 누하진입법 — 94
* 보여주고 싶다면 먼저 가려라, 억경 — 99
* 열어놓은 채 공간을 통제하는 방법 — 102
* 땅과 하늘, 속세와 성역을 잇는 무지개다리 — 111
* 쓰임에 정갈함마저 더한 수경시설, 물확 — 116
* 공간을 통제하는 또 다른 지혜 — 120
* 부족함은 채우고 넘침은 누른다, 비보 — 129
* 사찰에 왜 토끼와 거북을 그려놨을까? — 134
* 석탑에 숨은 비밀 — 139
* 탑은 반드시 홀수 층으로 세운다? — 147
* 동·서양이 다른 숫자의 상징성 — 150
* 월정사 적광전에 석가모니불을? — 155
* 모시는 부처와 종파에 따라 달라지는 법당 명칭 — 158
* 최고 지존을 모신 곳, 대웅전 — 161

3장
모두를 포용하는 품이 넓은 공간

* 배려와 포용력의 상징, 삼성각 — 166
* 벽화 속에 나타난 신선 세계와 도교적 상징 — 171
* 전각 벽화에 그려진 성과 속, 그리고 시대상 — 178
* 사찰의 꽃창살과 의미 — 185
* 포용하여 수용하는 지혜, 산왕지위 — 189
* 유연함에서 나오는 불교의 포용력 — 193
* 불교의 포용력에 대한 다른 생각 — 196
* 사찰을 지키는 천왕문 신선 두꺼비 — 200
* 사찰의 의식복, 가사와 장삼 — 205
* 부처님의 진신사리와 적멸보궁 — 208
* 상원사 동종과 비천상 — 212
* 과연 도깨비는 메밀을 좋아했을까? — 216
* 도깨비와 치우천황, 그리고 용 — 222
* 용면와와 키르티무카 — 229
* 뱀에서 용으로, 불교 신화의 문화적 융합과 변형 — 238
* 반야용선과 용가 그리고 한국 불교만의 독창적 인물, 악착보살 — 243
* 사찰에서 범종각의 의미 — 253
* 소가 알려주는 깨우침의 과정, 심우도 — 260

글을 마치며 — 266
참고문헌 — 268

1장 전통 사찰, 그 안의 원리와 신비

천년을 지켜내는 건축기법, 그랭이질

목조건물은 천년을 넘게 견딘다. 경북 안동의 천등산 봉정사 극락전은 현존하는 우리나라의 목조건축 중 가장 오래된 최고(最古)의 건물이다. 1972년에 봉정사 극락전의 완전한 해체 복원 작업이 이루어졌다. 이 과정에서 확인한 상량문에는 고려 공민왕 12년(1363년)에 극락전의 옥개부를 중수했다는 기록이 남아있었다. 이 기록을 통해 봉정사 극락전은 한국에서 가장 오래된 목조건물로 인정받게 되었다.

우리의 전통 목조건물은 신축한 후 옥개(屋蓋) 부분을 크게 수리한다면 통상적인 예로 미루어 볼 때 대략 100~150년이 지난 다음에 한다. 여기에 비춰볼 때 옥개부를 중수한 해인 1363년보다 100~150년이 앞선 1200년대 초로 건립 연대를 추정할 수 있다. 따라서 중수 기록을 바탕으로 보면 극락전의 건립 연대는 고려 중기인 12세기 후반에서 13세기 초이다. 이 기록으로 홍무(洪武, 중국 명나라 초대 왕 홍무제 주원장 때의 연호) 9년(1376년)에 중수된 부석사 무량수전보다 봉정사 극락전이 앞서 건립된 사실을 알 수 있다.

천년을 넘어 이어온 최고의 목조건축 경북 안동 천등산 봉정사 극락전

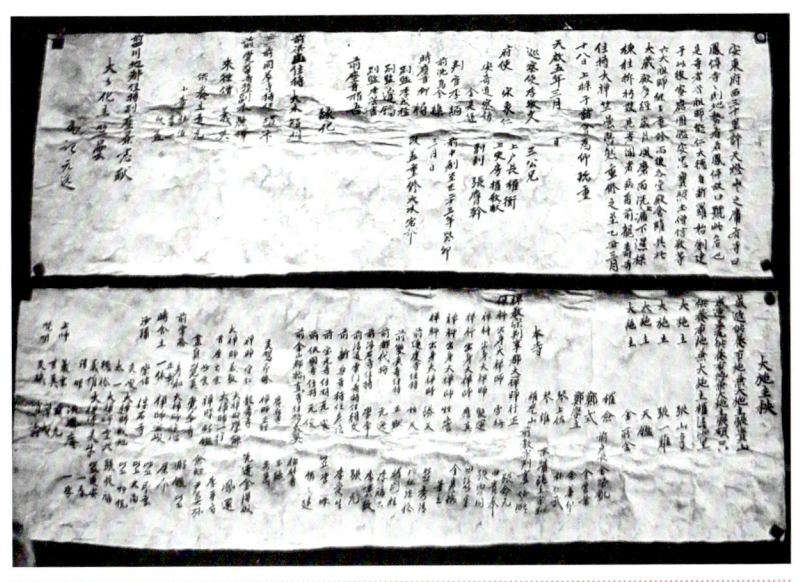

경북 안동 천등산 봉정사 극락전 상량문

1장_ 전통 사찰, 그 안의 원리와 신비 15

재료 특성상 화기와 습기에 취약한 목조건물임에도 봉정사 극락전이 800년 동안 건재한 배경은 무얼까? 봉정사 극락전은 물론 목조건물이 오래도록 견디는 이유에는 자연을 거스르지 않고 그 흐름에 순응하며 어울리도록 지혜를 녹여낸 과학적인 건축기술이 한몫한다. 화재는 방지하고 조심하여 피한다고 하더라도 세월의 무게, 습기, 그리고 목재를 서식지나 먹이로 삼는 해충의 피해를 면하기는 쉽지 않다. 습기나 해충에 노출된다면 재료가 썩거나 슬어 없어질 수밖에 없다. 그런데도 이를 이겨내고 오래 버틸 수 있는 배경은 습기와 해충의 피해를 방지하는 나름의 방법이 역할을 하였기 때문이다.

건물의 기초가 되는 것이 주춧돌이다. 기둥 밑에 기초로 받쳐 놓은 돌을 초석(礎石), 주초(柱礎)라 하는데 주초와 돌이 결합하여 우리 말 '주춧돌'이 되었다. 초석은 자연석의 모양 그대로 사용하는 막돌초석과 규격에 맞도록 모양을 다듬어서 사용하는 다듬돌초석이 있는데 사용자의 신분과 용도에 따라 달리 사용하였다.

우리 전통 건축에서는 자연에서 채취한 적당한 크기의 막돌을 다듬질 없이 그대로 주춧돌로 사용하고 있는데, 주변에서 쉽게 구할 수 있는 자연석 초석을 자리에 덤벙덤벙 놓았다고 하여 '덤벙주초'라 불렀다. 덤벙주초와 같이 울퉁불퉁한 모양의 자연석 위에 기둥을 세우기 위해서는 나무 기둥의 밑면과 맞닿는 자리를 평평하게 깎거나, 나무 기둥을 돌 모양에 맞춰 깎아 세워야 나무 기둥이 쓰러지지 않고 하중을 받쳐줄 수 있다.

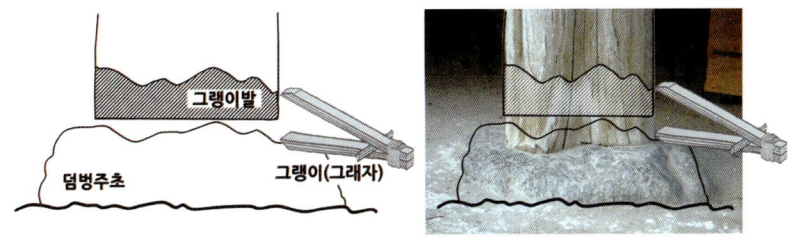

덤벙주초와 그랭이질

나무 기둥의 단면을 받침돌 모양에 맞춰 깎아 내거나, 돌담을 쌓으면서 한쪽 돌의 면에 맞춰 위에 올릴 돌을 깎아내어 접합 면의 모양을 맞추는 작업을 그랭이질이라 한다. 재료와 관계없이 접합 면의 모양을 맞추기 위해 재료를 깎아내는 작업이다. 그랭이질은 주로 기둥을 세울 때 많이 사용하는 기법인데 나무 기둥뿐 아니라 성벽이나 석축을 쌓을 때도 그랭이질을 한다. 이렇게 세우거나 쌓은 기둥과 석축은 꽉 맞물려 흔들림 없이 오랜 세월 동안 견고하다. 돌 생김새에 맞게 나무나 돌을 깎는 일은 아주 정밀하고 어려운 작업이어서 숙련된 도목수가 맡아서 했다.

덤벙주초의 울퉁불퉁한 모양에 맞도록 기둥을 깎아내기 위해서는 '그랭이'(또는 그렝이), '그랭이칼' 또는 '그래자'라고 하는 끝을 뾰족하게 깎아낸 얇은 대나무로 만든 집게 모양의 연장을 사용한다. 그래자의 한쪽 다리는 주초석에 밀착시키고 다른 한쪽에는 먹물을 묻혀 기둥뿌리에 닿도록 한 다음 초석을 모형 삼아 밀착시킨 다리가 안내하는 초석의 높낮이 변화에 따라 기둥뿌리의 둘레를 한 바퀴 돌면 초석 모양의 요철(凹凸) 그대로 기둥을 따라 파형 곡선이 그려지게 된다.

지리산 화엄사 덤벙주초와 가공하지 않은 자연목을 그대로 사용한 누하주

이 선을 경계로 기둥의 아래쪽에 그려진 여유 부분은 '그랭이발'이라 하는데 선을 따라 그랭이발을 깎아내면 초석의 들쭉날쭉한 부분과 기둥의 절단면이 톱니바퀴처럼 정확하게 밀착된다. 나무 기둥의 밑동 그랭이 발을 자를 때 기둥 밑면의 안쪽 중심부는 조금 더 깊이 파내야 기둥의 밑동이 뜨지 않고 초석에 빈틈없이 밀착된다.

홈을 파고 다듬은 경주 사천왕사지 주초석의 물 고임 현상

주춧돌의 울퉁불퉁한 다각형 모양에 맞춰 나무 기둥을 깎아 세우면, 접촉 면적이 넓어지고 표면이 거칠어져 기둥의 접지력이 좋아진다. 이로 인해 웬만한 충격에도 기둥이 주춧돌에서 쉽게 이탈되지 않고 단단히 맞물려 있다. 힘들고 어려운 작업임에도 정밀한 그랭이질을 했던 이유 중 하나이다.

또 다른 이유는, 만약 주춧돌을 나무 기둥 밑면과 꼭 맞도록 보기 좋게 깎아 홈을 파고 기둥을 앉혔다면 문제가 발생하기 때문이다. 움푹 파인 주춧돌은 낮은 비열로 인해 결로현상의 습기를 품거나 빗물을 담아내는 물그릇 역할을 하게 된다. 이는 습기에 약한 나무 기둥에 중대한 문제를 일으킬 수밖에 없다. 반면, 물을 담아낼 공간을 없앤 그랭이질과 덤벙주초는 이러한 습기와 관련된 문제를 상당 부분 해소해주었다.

물론 아무리 정밀하게 맞춰 깎아냈다고 해도 나무 기둥과 주춧돌이 맞닿는 면에는 미세한 틈이 생길 수밖에 없다. 그로 인해 모세관현상이 발생하여 주변의 작은 온도변화와 재료가 갖는 열전도 차이에 영향을 받아 생긴 습기를 항상 머금고 있을 수밖에 없다. 이는 당연히 목재를 썩히는 속도에 영향을 끼친다.

이처럼 나무 기둥은 절대적으로 습기에 취약하므로 습기에 의한 영향을 최대한 억제하고 해충으로부터의 피해를 방지하기 위해서 조금 더 확실한 방책이 필요했다. 기둥의 하단부 주춧돌 주변이나 기둥뿌리 가운데를 파내고 그 속에 백반이나 소금을 넣어 두는 방법이다. 목조 건축물의 기둥 아랫단이 하얗게 보이는 것은 건물을 세울 때 기둥의 하단 부분이 습기에 취약하므로 소금을 놓고 기둥을 세웠기 때문에 생긴 얼룩이다. 이것을 '소금버캐'라고 부르며 나무를 썩히지 않고 오랫동안 보존하기 위한 과학적인 대처 방법이었다.

전남 조계산 송광사의 그랭이기법 석축

경주 불국사 자하문 회랑의 그랭이기법 석축

1장_ 전통 사찰, 그 안의 원리와 신비

그랭이질은 앞서 설명했듯이 나무를 깎는 데만 쓰인 기술이 아니다. 성벽이나 석축의 돌을 쌓아 올릴 때 재료들을 밀착시키기 위해 오래전부터 사용된, 자유분방하고 자연과 조화를 이루려는, 인위적인 직선보다는 자연의 선을 더 좋아했던 우리만의 독특한 건축 방식이다.

고구려 20대 왕인 장수왕의 무덤으로 추정되는 413~490년 사이에 축조된 고구려의 대표적인 적석묘, 장군총의 하단부에도 돌을 깎아 맞춘 그랭이기법이 사용되었다. 또한, 불국사의 석축에도 그랭이기법이 적용되어 자연스러운 아름다움을 간직한 채 오랜 세월 풍파를 견디며 현재까지도 잘 보존되고 있다.

못생긴 나무는
특별한 매력이 있다

 못생기게 갈라지고 휜 나무 기둥을 그대로 쓰고 옹이마저도 개의치 않는 분방함은 그랭이질과 같은 유연한 사고에 자연 그대로 조화를 이루려는 모습과 크게 다르지 않다.

자연 생김 그대로 활용한 전남 화엄사 구층암 모과나무 자연목 기둥

충남 서산 상왕산 개심사 심검당 부속건물의 자연목 기둥

비례와 대칭, 인위적 통일감을 깨뜨린 개심사 요사 건물의 자연목 외벽기둥

전통 건축에서 볼 수 있는 특별한 아름다움 중 하나는 건축 부재가 가지고 있는 자연의 생김 그대로를 활용한다는 점이다. 중심 기둥과 부속재 등을 별다른 가공 없이 나무가 가지고 있던 본성 그대로를 살려 사용하는 것이다. 목수의 자신감과 높은 수준의 안목으로 탄생한 이런 건축물은 오랜 세월 온갖 풍파의 더께를 더해가며 세상 어디에도 없는 최고의 건축물로 평가받는다. 시간의 흐름에 무릎 꿇고 순응하여 퇴색되는 것이 아닌, 오히려 깊은 풍미를 더해 고색창연하게 숙성되어 가는 모습을 보여주기 때문이다.

화엄사 구층암의 모과나무 자연목 기둥은 재료가 가지고 있는 모습 그대로를 여과 없이 보여준다. 그 기둥은 치열했던 생존경쟁의 무대에서 살아남기 위해 옹이 지고 불거져 울퉁불퉁 거칠어진 고단했던 삶의 이력을 당당하게 보여준다. 투박하지만 인위적으로 디자인할 수 없는 자연적 조형미와 극단적인 자신감의 표출이다. 과연 실력 없는 목수라면 이렇게 못난 목재들을 감히 기둥재로 사용할 엄두나 낼 수 있을까?

오래된 사찰에서 만날 수 있는 제멋대로 비틀어지고 구부러진 자연목을 사용한 건축물은 보면 볼수록 감탄을 금할 수 없다. 여기서 느껴지는 목수의 안목과 재료를 다루는 솜씨는 균형, 통일, 대칭, 조화, 비례 등 현대적 조형미가 요구하는 틀에 박힌 미적 한계를 너무도 극명하게 드러나게 한다.

인위적으로 조성된 예측 가능한 조형미는 쉽게 싫증 나기 마련이지만, 그와 다르게 주어진 틀을 파괴하는 개성 있는 자연스러움은 보면 볼수록 깊은 맛이 더해진다. 첫눈에는 허술해 보이지만, 오래된 공간의 건축물들이 들여다보면 볼수록 더 아름답게 느껴지는 이유이다.

여행의 시작은 시골 장터

여행할 때, 국내든 국외든 반드시 들르는 곳이 바로 시장이다. 시장은 그 나라, 그 지역 특유의 먹을거리, 문화, 정감 어린 삶의 모습을 가감 없이, 직설적으로 아주 짧은 시간 내에 느낄 수 있는 곳이기 때문이다.

강원도 평창군 진부장터

월정사 가는 길에 방문한 진부시장. 흔히 '가는 날이 장날'이라는 말은 우연히 혹은 운 좋게도, 일정이 맞아떨어졌다는 의미로 쓰이지만, 일부러 장날에 맞춰 방문하여 장터를 제대로 즐겨보는 것은 특별한 경험이 될 수 있다.

진부 장날은 3, 8일이다. 매월 3, 8, 13, 18, 23, 28일에 열리는데, 이를 오일장이라고 한다. 진부 오일장은 규모가 크지 않아 특별한 기대를 하지 않을 수도 있지만, 어느 장터든 그 나름의 독특한 특색과 매력이 있기 마련이다. 아무래도 사찰 답사를 가는 길이었기에 주제와 맞는 불교와 관련된 용구를 볼 수 있을까 해서 둘러보았는데 마침 각종 농기구며 대장장이 소품 파는 곳에서 금강저를 만났다.

십여 년 전 티베트 여행 다녀올 때 포탈라궁 인근 길거리 장터에서 금강저를 접했다. 그때 하나 사 올 걸 하고 아쉬워했던 기억 때문인지 얼마 전 금강저를 들고 있던 꿈을 꾸었다. 흔히 찾는 물건이 아니라 그리 큰 기대는 없었지만, 혹시 여기서 찾을 수 있을까 두리번거리며 구경하다가 주인아저씨 옆에서 정리를 거들던 아주머니께 물었는데 마침 있다고 하더니 찾아주었다.

금강저를 구경하면서 지나치게 크거나 날카로운 것은 개인적으로 끌리지 않아, 마음에 드는 것이 있으면 하나 사려고 몇 개를 살펴보았다. 그러다 조금 작은 금강저를 찾기는 했지만, 딱히 끌리는 것은 아니

티베트 포탈라 궁 인근 길거리 장터

어서 가격만 묻고 그냥 돌아섰다. 주인 마음이야 다르겠지만 나로서는 구경만으로도 참 반가운 일이었다. 역시 시골 장터는 평상시에는 찾아내기 어려운 물건들이 있어 기대하지 않았던 소소한 기쁨을 주는 곳이란 생각이 새삼 느껴졌다.

금강저(金剛杵)는 불교의식에 사용되는 종교적 용구로 저(杵, 절굿공이라는 의미)는 인도 고대의 무기 중 한 종류이다. 무기라 하지만 그리 위협적인 모양은 아니고 상징적 형상으로 불교의 수호신인 제석천(帝釋天)이 금강저를 무기로 삼아 아수라의 무리들과 싸운다는 이야기가 있다. 또 인도의 여러 신들이 이 무기를 사용한다고 전해지며 적을 쳐

부수는 의미에서 이 무기를 불구(佛具)로 채용하여 여러 존상의 권능을 상징하는 지물(持物) 또는 수행의 도구로 사용하게 되었다. 무기로 사용하였기에 처음에는 예리하고 뾰족하였으나 차츰 불교의식구로 전용되면서 불꽃이나 탑 모양으로 변모하였다.

불교의식에 사용되는 용구 금강저

전혀 기대치 않았던 만남과 감흥을 차분히 가라앉힌 후 시골 장터의 여운을 잔잔하게 느꼈던 진부장터를 뒤로하고 다시 여행의 원래 목적지 오대산 월정사로 발걸음을 옮긴다.

유적지에서는 사전 예약이나 현장 접수를 통해 문화 해설사의 설명을 들어보면 좋다. 자신이 속한 분야에서 오랫동안 쌓아온 각기 다른 해설사들의 해박한 지식이 더해져 일반적인 책이나 틀에 박힌 지식을 통해서는 접할 수 없었던 지역 특유의 문화유산과 유적지에 관한 이야기들을 더 깊이 이해할 수 있기 때문이다. 그러면 아는 만큼 보인다는 말처럼 의미 없이 무심코 지나칠 수 있는 요소들을 새롭게 발견하는 기회가 될 것이며, 여행은 자연스럽게 배움의 과정이 된다.

진부장터에서 판매하고 있는 소품들

진부장터에서 만난 금강저

세상 어디를 가든 '여행의 시작은 지역의 장터'에서 시작하고, 현지의 문화해설을 적극적으로 활용하는 것은 그곳의 문화를 깊이 이해하는 데 효과적인 방법이다.

사찰의 공간 구성,
문·루·법당

　사찰, 또는 절(혹은 가람이라고도 한다)은 종교적인 공간일 뿐만 아니라 우리 민족의 오랜 역사와 문화적 숨결을 함께 해온 곳이다. 그런 만큼 곳곳에 있는 이름 있는 사찰을 주제로 여행하는 것은 특별한 경험이 될 수 있다. 그 어떤 여행이든 더없이 소중한 시간을 내어 가는 것이니만큼 약간의 지식을 미리 준비한다면 생각보다 다양하고 풍부한 볼거리를 만날 수 있다. 여기에 더해 나름 유식한 체하면서 그동안 못 보고 지나쳤던 많은 것들을 얻을 수 있음은 당연한 일이다.

　사찰이라는 특별한 공간에 대한 종교적인 관점은 과감하게 덜어놓고, 역사·문화 공간으로서 깊이를 더하고 싶은 여행자의 관점에서 선택한 공간이 오대산 월정사이다. 물론 월정사가 모든 사찰의 공간 구성을 설명하거나 대표할 수는 없다. 그렇지만 월정사는 사찰 공간에 대한 이해를 돕고 기준이 되는 중심축으로서 갖춰야 할 충분한 무게감과 풍부한 이야깃거리를 갖춘 곳이다. 또한 월정사는 복잡한 도시 생활과 무한 경쟁의 고달픔에 지친 현대인에게 나름의 휴식을 줄 수 있는 청량감 있는 매력적인 공간으로서의 부족함이 없는 곳이기도 하다.

가급적 종교적 관점의 설명은 피하겠지만 사찰 공간이 갖는 특성상 종교적인 부분을 완전히 배제한다면, 이는 오히려 더 이상하고 의미 없는 설명이 되고 말 것이다. 따라서 맥락상 설명이 필요한 부분이 있다면 전반적인 흐름에서 벗어나지 않는 선에서 언급하려고 한다. 또한 명확한 설명에 도움이 된다면 월정사 외 다른 사찰 공간에 구성된 내용을 빌려와 조금이라도 수월하게 이해할 수 있도록 접근하는 방법도 취하려고 한다.

사찰 공간을 대표하는 구성요소로는 문(門), 루(樓), 종각(鐘閣), 법당(法堂)을 비롯한 전당(殿堂), 그리고 탑(塔), 석등(石燈)과 같은 석조 구조물이 있다. 그중에서도 사찰 공간, 특히 산지 사찰에서 가장 먼저 만나게 되는 것은 문(門)이다. 문은 사찰의 중심부로 올라가는 각 단계를 구분하며, 그 역할에 따라 공간을 나누는 구조물이다.

우리나라 산지 사찰에서는 이를 형식화하여 3문 형식이라 부른다. 즉, 각 수행 단계마다 문을 두는 것으로 주로 그 형식이 3개의 문으로 구성되었다 하여 붙은 이름이다. 3문이 기본 구성이기는 하지만 모든 사찰에서 갖추고 있지는 않다.

공간의 배치와 문의 설치 의미는 다르지만, 경복궁과 같이 우리 궁궐의 공간 구성에 있어서 고문(皐門), 응문(應門), 노문(路門)으로 구성된 3개의 문과 각 문들에 의해 나눠지는 외조(外朝), 치조(治朝), 연조(燕朝)라고 부르는 3개의 공간으로 구성된 3문 3조의 배치 방법과 같은 공간 구성을 하였음은 참고할 만하다.

산지 사찰에 설치된 문을 통과할 때마다 점차 부처의 세계로 들어가게 되는데, 이때 각각의 문은 하나씩 진전된 새로운 국면의 세계로 진입함을 상징화한다. 이러한 문을 '법문(法門)'이라 하며 건축에서는 '산문(山門)'이라 부른다. 산문에는 불교의 우주론에서 말하는 중심 세계의 산인 수미산(須彌山)의 공간 관념과 불교 교리가 연관되어 있다. 수미산은 신들이 거처하는 성역이자 인간이 접근할 수 없는 성스러운 공간으로, 수미산 중턱에는 이곳을 지키는 사천왕과 정상에는 제석천이 있다고 한다. 이러한 관념을 현실에 구현한 산문은 불교의 신들이 거처하는 성스러운 공간을 상징하여 배치된 것이다.

주로 3개로 구성된 산지 사찰의 산문은 중국과 일본에서도 같은 형식으로 운영하고 있다. 그렇지만 중국과 일본의 경우 이러한 3문 형식을 그 순서대로 산문, 대문, 중문이라 부르고 있으나, 우리나라에서는 이를 모두 묶어 산문이라 하며 각각 입구부터 순서대로 일주문(一柱門), 천왕문(天王門, 또는 사천왕문), 불이문(不二門) 또는 해탈문(解脫門)이라는 이름으로 설치하였다. 때에 따라서는 일주문과 천왕문 사이에 금강문(金剛門)을 두는 예도 있다. 3문 이후에는 누각이 있고 이어서 법당 공간을 배치하는 것이 규모를 갖춘 일반적인 산지 사찰의 공간 배치이다.

산지 사찰의 산문 형식과 이름, 그리고 누각과 법당의 공간 배치에는 불교의 교리, 수미산에서의 수행과정과 밀접히 연관되는 불교의 교학 체계가 배후에 숨어 있다.

사찰에 이르는 첫 번째 산문, 일주문

오대산 월정사를 둘러보기 전에, 종교적 공간인 절을 더 깊이 이해하고 제대로 느끼기 위해서는 그 공간을 구성하는 의미 있는 구조물에 대해 알아볼 필요가 있다.

큰 절에 딸린 작은 암자가 아닌 일정한 규모 이상의 사찰을 방문할 때 가장 먼저 마주하는 공간은 일주문(一柱門)이다. 일주문은 '절'이라고 하는 '불교사찰'의 공간으로 들어서는 여러 산문(山門) 가운데 가장 바깥에 위치한 문으로, 두 개의 기둥이 한 줄로 나란히 세워진 문이라는 의미이다.

사찰의 초입에 세워놓은 일주문의 역할은 일반인들의 세상인 속세와 수도의 공간인 불계(佛界)를 구분한다. 한마디로 일주문 밖은 속세(俗世), 일주문을 넘어 들어온 안쪽 공간은 온 마음으로 정진하여 수도하는 성역(聖域)의 공간으로 구분되는 것이다. 따라서 신성한 사찰에 들어가기 전에 세속적인 번민과 욕망을 벗어버리게 하는 의식적인 상징물로 작용한다. 이 문에 들어서면 부처님께 귀의하여 일심으로 정진·수도하라는 의미와 그렇게 하리라는 굳은 결의가 담겨있는 것이다. 다시는 이 문을 넘어 속세로 돌아갈 수 없음을 의미하기도 한다.

불교에서는 이 문에 들어가기 전에 신심을 높이기 위해 얼마간의 수행을 요구하고 있다. 일주문의 형식이 일주 삼 칸으로 구성된 것은 다양한 수행 방법과 종교적 길을 걷더라도 결국에는 하나의 진리로 돌아간다는 '법화경(法華經)'의 회삼귀일사상(會三歸一思想)과 일치한다. 이것이 바로 일주문과 불교 교리가 연결된 부분이기도 하다.

일주문의 건축적인 특징은 일직선 기둥 위에 지붕만을 올려 사방의 공간이 없는 순수한 문의 역할을 하고 있다는 점이다. 대개 건축물은 최소한 네 개 이상의 기둥을 세우고 그 위에 지붕을 얹어 공간을 만드는 것이 일반적이다. 그렇지만 중심을 잡기도 어렵고 보기에도 불안정하게 굳이 두 개의 기둥을 한 줄로 세운 데는 이와 같은 종교적 공간이라는 특별한 이유 때문이다. 궁궐의 공간과 건축에서 그러하듯이 사찰 역시도 건축구조물 또는 공간 디자인에 철학적, 상징적, 그리고 입지적 성격에 따라 의도적으로 디자인하고 특별한 의미를 부여한 것이다.

물론 자세히 보면 일주문이라 하더라도 두 개의 기둥으로만 받쳐 놓은 것이 아닌 한 쌍의 가는 형태의 지주(支柱)를 중앙의 굵은 기둥 앞

월정사 일주문(두 개의 기둥을 일렬로 세워 무거운 지붕을 받치고 있는 구조)

1장_ 전통 사찰, 그 안의 원리와 신비

뒤로 하여 양쪽을 받쳐 놓은 경우도 많다. 이는 지붕의 하중을 받아주는 구조체로서의 목적보다는 시각적인 안정감을 주기 위해 받쳐주는 허상의 심리적 지지대 역할이다.

일주문의 지붕은 대개가 다포계의 맞배지붕을 하고 있으며 여기에 사찰의 이름이 새겨진 현판을 걸어 놓아 사찰의 격을 알리기도 한다.

'첫인상', 사람에 대한 느낌은 2~3초, 늦어도 90초 안에 결정된다. 절이 주는 느낌 역시 가장 처음 만나게 되는 일주문에서 결정된다. 일주문을 만나는 순간 오랜 세월을 지켜낸 무게감, 수많은 이야기를 품고 있는 정감, 그리고 절이 담고 있는 종교적 공간으로서의 깊이 등 만감을 일순간에 다 풀어놓는데, 바로 그 느낌이 절에 대해 가슴 설레는 기대감을 높여 주기도 하고 때로는 실망감을 주기도 한다.

현판과 편액,
건물에 새겨진 시와 이름

일주문을 들어서기 전에 처마 밑 공간을 보면 절의 이름을 알리는 현판이 있다. 현판은 건물의 문 위나 처마에 걸어놓는 명패와 같은 것인데 편액이라고도 한다. 일반적으로 현판(懸板)과 편액(扁額)은 혼용하여 사용하고 있는데 목판, 종이, 비단 등에 글을 쓰거나 그림을 그려 문 위에 거는 액자를 현판이라 한다. 주로 목판을 많이 사용하였기에 건물에 거는 모든 현판은 목판을 지칭한다.

편액은 건물 정면의 문과 처마·반자(천장) 사이에 글을 써서 거는 목판을 지칭하는데, 보통은 건물에 관련된 사항이나 묵객(墨客)들의 서화(書畫)가 담긴 일체의 현판을 편액이라 부른다. 주로 누각과 정자의 주인, 또는 유명한 시인, 묵객들이 그곳에서 누릴 수 있는 아름다운 경치, 풍정을 시로 읊은 내용이나 건물을 수리, 보수한 기록 등을 새겨 걸어놓는다. 대체로 편액은 현판보다 좁은 의미의 목판 액자라 할 수 있다.

현판과 편액을 굳이 구분하여, 기관이나 단체명, 건물의 명칭을 써 처마 밑이나 정문에 내건 명패를 현판이라 부르고(광화문 현판), 건물의 이력 또는 문인들의 시 등을 쓴 액자를 내부 천장 밑 가구에 걸어 놓은 것(율곡 이이 죽서루 편액)을 편액이라 구분하여 부르기도 한다.

조선시대에는 편액과 현판을 지금과는 다른 의미로 각각 구분하여 사용하였다. 조선 초기에는 주기적으로 반복되는 일을 공지할 목적이나 시영(詩詠)을 지어 정자 안에 걸어 둘 목적으로 널빤지에 새긴 것을 '현판'이라 하였다. 반면 건물의 이름을 명명하는 목적으로 글씨를 새겨 내걸 때는 편액을 주로 사용하였다. 지금의 일반적인 쓰임과는 반대이다.

율곡 이이 죽서루 차운 시 편액

편액과 현판에 대한 조선왕조실록을 보면 "세자(世子)에게 명하여 경회루 편액을 크게 썼다(태종실록 23권, 태종 12년 6월 9일 임술 3번째 기사)", "승정원에 전교하기를, 대궐 문에 예전에 편액이 없는 것은 각기 편액을 걸도록 하라(성종실록 57권, 성종 6년 7월 24일 신미 4번째 기사)" 등의 기록이 있다.

그 외 "제천정(濟川亭)에 올라서 현판의 제영(題詠)을 두루 살펴보고는 여러 재상(宰相)들과 더불어 다례(茶禮)를 행하고 배를 타고 물 위에 띄웠다(세조실록 16권, 세조 5년 4월 10일 신유 2번째 기사)", "승지 정사룡(鄭士龍)이 아뢰기를, 당고(唐皐)와 사도(史道) 두 명나라 사신이 지은 시문(詩文)을 현판(懸板)에 새겨서 내려보내라는 전교가 계셨습니다(중종실록 45권, 중종 17년 7월 3일 정미 2번째 기사)"라는 기록도 있다.

이러한 내용을 살펴볼 때 편액은 건물의 이름을, 현판은 시문 등을 새긴 것이라 할 수 있지만 근래 들어서 현판은 편액의 의미까지 아우르며 거의 동의어로 사용되고 있다.

'가람'은 절? 강? 가수?

월정사 일주문 현판에는 '월정대가람(月精大伽藍)'이라고 써 놓은 것을 볼 수 있다. 예리한 감각을 지닌 사람들은 여기서 의문 하나를 제기할 것이다. '월정(月精)'은 사찰의 이름이요, '대(大)'는 큰 사찰로서 자긍심을 표현한 것인데, 나머지 명칭 중에 '가람(伽藍)'은 무슨 뜻일까?

월정대가람 현판(오른쪽에서 왼쪽 방향으로 읽는다)

물론 미리 결론을 내리지 않아도 대충 어림짐작으로 판단하면 '월정이라는 이름을 가진 큰 사찰'이라는 뜻일 테니 결국 가람은 '절'과 같은 의미임을 눈치챘을 것이다.

소위 절밥(?) 좀 드신 분들은 스님들이나 불자들을 통해서 '가람'이라는 단어를 들어봤거나 직접 사용해본 경험도 있을 테고, 연세가 있는 분들은 젊었을 때 한때 유명한 가수 '가람과 뫼'를 떠올리기도 할 것이다. 다른 한편으로는 학교에서 배웠던 기억을 떠올려 순우리말로 가람은 '강'이라는 뜻을 아는 분들도 있을 것이다.

절을 달리 부르는 말 '가람(伽藍)'은 월정사 현판에도 한자로 써놨듯이 순우리말이 아니다. 그러면 한자로 표기했으니 중국어라 생각할 수 있겠지만, 중국어도 아닌 범어(梵語, Sanskrit)에서 유래한 말이다. 범어, 즉 산스크리트어는 고대 인도의 표준어로 과거에는 산스크리트어를 통한 문학적 창작 활동이 활발했으나, 지금은 주로 힌두교 학자들 사이에서 학술적 의사 전달 수단으로만 쓰인다.

다시 말해 가람은 순우리말이나 중국어가 아닌 범어 '샹가람마(Saṅgārama: संगारमा)'의 줄임말이다.

'샹가람마'라는 말은 비구(比丘, 남자승려)와 비구니(比丘尼, 여자승려), 우바새(優婆塞, 남자신도), 우바이(優婆夷, 여자신도)의 사부대중(四部大衆)이 모여 살면서 불도를 닦는 곳이라는 뜻이다. 이 말을 한자로 음역하여 '승가람마(僧伽藍摩)'라 표기했고 이를 다시 줄여 '가람(伽藍)'이라 하였다. 요즘에는 말을 줄여 쓰는 것을 많이 알아야 '아재'가 아닌 '인싸'(인사이더 insider, 각종 행사나 모임에 적극적으로 참여하면서 사람들과 잘 어울려 지내는 사람)로 인식하는데 복잡하고 긴 것을 불편해하고 싫어하는 것은 예나 지금이나 마찬가지다. 가람은 사부대중(四部大衆)이 모여 살면서 불도를 닦는 곳이니 절 또는 사찰과 같은 의미이다.

이야기가 나온 김에 설명을 더 하자면, 우리는 천주교의 성당, 기독교의 교회당, 유교의 명륜당 등 대부분의 종교적 건축물에 '당(堂)'이란 한자를 사용하는데 유별나게 절은 ○○사(寺)라고 할까? 물론 건축물에 당이라는 이름을 붙이는 것은 종교적 의미에 국한되는 것은 아니다.

우리가 알고 있는 모든 절의 이름이 '○○사(寺)'라고 하는 것에는 나름의 이유가 있다. 한나라 때 인도 승들이 처음 중국을 방문하였고 외국에서 모셔온 스님들의 거처로 사신들을 접대하던 관청, '홍로사(鴻臚寺)'라는 곳을 택했다. 홍로사는 귀한 사신이나 중요한 귀빈을 모시는 일종의 영빈관과 같은 공간이었다. 스님들 거처를 그곳에 정해 머무르도록 하다 보니 이후에 사람들이 불교와 관련된 공간을 특별히 '○○사(寺)'라 부르게 되었고 '사원(寺院)', '사찰(寺刹)' 등으로도 부르게 되었다.

특히 중국에서는 사찰을 지칭할 때 '사원(寺院)'이라고 많이 불렀으며 이때의 '원(院)'은 주위에 회랑이나 담장을 두른 집을 의미한다. 이렇듯 사찰의 주위에는 회랑이나 담장을 두르게 되었는데 이것은 불교가 상당히 발전된 기간 중의 일이었고, 현재 의미의 사찰이 등장하게 된 것은 한참 뒤의 일이었다.

사찰은 불교 초기부터 존재한 것이 아니며, 인도의 계절과 날씨로 인해 한곳에 머물러야 하는 어쩔 수 없는 조건에서 비롯되었다. 인도에서는 일정 기간 우기가 있어 이때는 이동하며 수행하는 불교적 방법에 어려움이 있었고, 질퍽한 땅 위로 나온 벌레를 밟아 불살생(不殺生)의 계율을 어길 위험도 있었다. 이로 인해 우기에는 인근 친척이나 모르는 사람의 집에 머물러야 했다. 따라서 점차 커지는 교단 화합의 필요성과 우기를 피하려는 이유로 석 달 동안 바깥출입을 삼가고 적절한 곳에서 공동생활을 하는 안거(安居)라는 이름의, 한곳에 머물며 수행하는 활동이 시작되었다.

인도의 경우는 여름철만 안거에 해당하지만, 중국·한국 등 북방성 기후의 국가에서는 여름과 겨울철 각각에 하안거(夏安居), 동안거(冬安居)라고 하는 각기 석 달간의 안거 기한이 있다.

우기의 안거제도가 차츰 정립되면서 승려들은 한곳에 모여 불도에 정진할 수 있는 장소가 필요하였고 부유한 신도나 왕족이 불교에 '원림

(園林)'을 기증하여 승려들을 머무르게 하여 자연스럽게 승려들의 집합 장소가 탄생하게 되었다.

최초의 불교 사찰로는 '죽림정사(竹林精舍)'가 있었다고 전해지며 규모가 대략 오두막 60여 채 정도의 크기였다고 한다. 이후 정사는 점차 형식성이 가미되면서 규모도 커지게 되어 이후 석가 당시 최대의 사찰이라고 하는 '기원정사(祇園精舍)'의 탄생을 보게 되었다. 기원정사에는 석가가 체류하였던 향전(香殿)을 비롯하여 승당(僧堂), 근행당(勤行堂), 화당(火堂), 경행당, 주방, 헛간, 화장실 그리고 각종 우물 등이 있었다.

이러한 원림은 시대의 흐름에 따라 단순한 수행처에서 종교 의례를 집행하는 성소로 변해갔으며 중생들의 어려움을 도와주고 위로해 주는 성격의 수도처로 변해갔다. 더욱이 불교의 교세 확장에 따라 점차 사찰의 규모와 그 숫자가 늘어나게 되는데 중국, 동남아, 한국, 일본으로 전파되어가면서 각 나라마다 독특하고 고유한 문화와 융합되어 불교문화는 동양의 정신적, 종교적인 중심으로 자리 잡게 되었다.

다시 월정사 일주문 현판으로 돌아가자. 사실 월정사 일주문의 현판을 현대의 글을 읽는 원칙대로 읽어낸다면 첫소리에 나오는 'ㄹ'은 반드시 'ㄴ'으로 바뀌어야 한다는 두음법칙을 적용하여 '남가대정월?' 이렇게 읽었어야 한다. 그러나 누구도 그렇게 읽지는 않는다. 물론 '람가대

정월'이라 읽었어야 한다는 것, 역시 아니다. 익히 잘 알고 있는 이름이라 글을 읽는 방향, 즉 왼쪽에서 오른쪽으로 글을 읽는 순서와 상관없이 눈여겨 확인하고 눈치껏 오른쪽에서 왼쪽 방향으로 '월정대가람'이라고 읽어냈을 것이라는 얘기이다. 방금 우리는 대수롭지 않게 글을 읽는 방향(순서)을 바꿔 읽어냈는데, 사실 글은 읽는 방향, 순서에 따라 의미가 전혀 달라질 수 있다.

읽는 방향이 바뀌면 의미도 바뀐다

유명 음료 회사의 그림 광고 예시

이 그림은 세계적으로 유명한 음료 회사가 오래전 중동지역에 진출하기 위해 시도했던 광고 방법을 그림으로 다시 구성하여 표현한 것이다. 당시에 이 회사는 중동의 높은 문맹률과 난해한 문자의 가독성 등을 고려하여 어떻게 하면 효과적으로 짧은 시간에 중동지역 소비자들이 자사 음료의 장점을 인식하게 할 수 있을까 고민 끝에 글보다는 이해하기 쉬운 그림으로 광고를 구성하여 이 음료의 청량함을 설명하기로 하였다.

광고는 그림과 같이 세 개의 장면으로 구성하였고, 최고의 홍보 효과를 얻기 위해 시내 중심가의 광고판을 빌려 자신만만하게 홍보를 시작하였다. 그런데 과연 이 광고는 유명 음료 회사가 의도했던 결과대로 멋진 성공을 거두었을까? 아쉽게도 그렇지는 못했다. 결과는 전혀 매출로 이어지지 않는 아주 참담한 실패였다.

회사에서 의도했던 광고판에 그렸던 제품에 대한 설명은 다음과 같았을 것이다.

첫 번째 그림은 중동의 무더위와 갈증에 아주 지치고 힘들어 하던 사람이 두 번째 그림과 같이 광고하는 회사의 음료 제품을 아주 기쁜 마음으로 마셨고, 다음 마지막 그림인 세 번째 그림처럼 방금 마셨던 음료 덕분에 상쾌함과 청량감에 도시를 녹일 듯이 무덥던 더위가 사라져서 너무나도 기분이 좋은 상태로 전환된다는 설명일 것이다.

그렇지만 이 광고의 기획 의도는 철저하게 부정되고 실패의 쓴맛을 볼 수밖에 없었다. 그 이유는 중동지역의 문화를 고려하지 않고 늘 그들이 성공해왔던 방법대로 타성에 젖어 광고를 기획하고 시행하였기 때문이다.

문맹율이 높은 이슬람 문자 [이슬람교 경전 코란(Koran)]

중동지역에서는 글을 읽을 때 왼쪽에서 시작하여 오른쪽 방향으로 읽어나가는 것이 아닌 오른쪽에서 시작하여 왼쪽으로 읽는 문화였다. 그러니 이 음료 회사가 의도했던 방향과는 정반대의 상황이 벌어진 것이다.

광고에서 표현한 그림을 중동 사람들의 문화적 기준으로 읽어본다면, 오른쪽 그림의 표현인 너무나도 기분이 좋았던 사람이,

1짱_ 전통 사찰, 그 안의 원리와 신비   51

가운데 그림의 설명처럼 광고하고 있는 세계적인 유명 음료 회사의 제품을 기분 좋게 마셨더니, 마지막 그림인 왼쪽 그림처럼 죽기 일보 직전의 상태로 괴로워하며 쓰러지게 된다는 설명이 된다. 당연히 이 회사 음료는 아무리 활력이 넘치고 기분이 상쾌했던 사람일지라도 마시는 순간 쓰러져 죽어 나갈 것 같은 상황이 되는, 아주 형편없는 제품이라는 인식을 주게 된다.

세계의 시장을 장악한 아무리 경쟁력있는 제품이라 할지라도 그 지역의 문화와 환경을 고려하지 않았기에 아주 비싼 대가를 치렀다는 유명한 일화이다.

터무니없어 보이지만 지금은 익숙해졌고 너무 당연한 약속이라 무심코 넘겨버리고 있었는데 사실 오른쪽에서 시작하여 왼쪽으로 글을 읽어나가는 문화는 우리에게도 있었고 그리 오래된 일도 아니다. 조금 오래된 기록이지만 훈민정음 언해본은 세

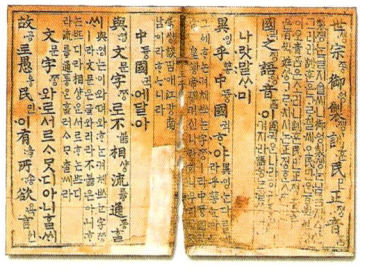

오른쪽에서 왼쪽 방향으로 세로쓰기를 한 훈민정음 (언해본) - 출처: 문화재청

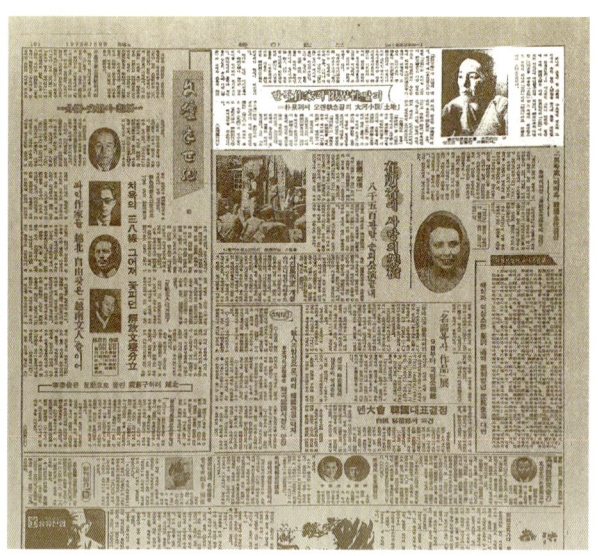

세로쓰기를 한 1973년 7월 9일자 동아일보

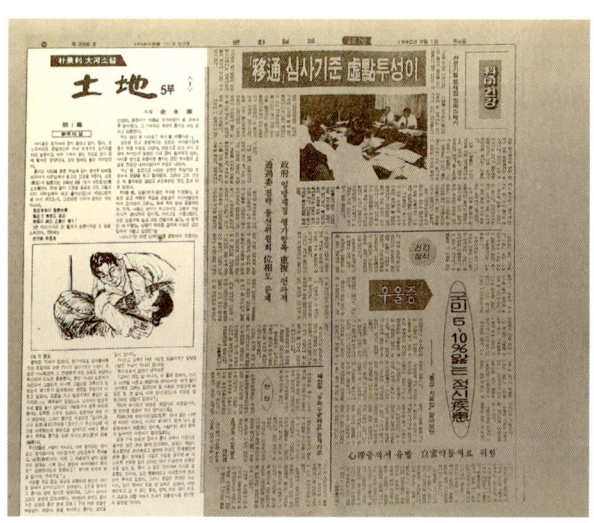

가로쓰기와 세로쓰기가 혼용된 1992년 9월 1일자 문화일보

1장_ 전통 사찰, 그 안의 원리와 신비　53

로쓰기였고, 오른쪽에서 왼쪽으로 글을 읽어나가는 것이 일반적이었다. 불과 40여 년 전인 1980년도 중후반부터 일부 신문사가 가로쓰기를 시도하였고, 1990년대 초까지 가로쓰기와 세로쓰기가 혼용되기도 했다. 가로쓰기가 세로쓰기보다 글을 읽고 이해하는 가독성에 유리하기 때문에 이제는 모든 신문이나 책들의 글쓰기는 가로쓰기하고 있는데 그로 인해 왼쪽에서 오른쪽으로 쓰고, 읽어나가는 방법이 일반화되었다. 이러한 기억을 까맣게 잊었다는 것은 우리의 뛰어난 적응 능력과 세상의 변화에 빠르고 유연하게 대응하는 능력을 보여주는 긍정적인 신호로 해석할 수 있다.

변화에 대한 빠른 적응 능력과 관련된 이야기다.

서양에서는 1790년경 프랑스 공화국의 파리과학아카데미 제안에 따라 미터법이 제정되었고, 1875년 미터 조약을 통해 국제적으로 확산되었다. 이후 1960년에는 SI 단위계가 결정되었다. 하지만 여전히 미국 등에서는 미터법 대신 야드, 인치, 피트, 마일, 파운드, 온스 등의 단위를 혼용하고 있다.

반면, 우리나라는 전통적으로 길, 자, 치 또는 냥, 돈, 근과 같은 계량법을 사용해 왔지만, 변화된 기준에 상대적으로 빠르게 적응하여 미터법을 사용하고 있다. 물론 여전히 무게 단위나 면적에서는 아직도 근, 돈, 평(坪)과 같은 전통 단위가 더 익숙한 경우도 있지만, 서양처럼 자신들이 제정한 단위를 수백 년 동안 제대로 사용하지 못한 경우와 비교할 수는 없다. 그럼에도 불구하고, 오랜 시간 동안 통용된 사회적 약속을 바꾸는 것은 결코 쉬운 일이 아니다.

이해하기 힘든
일주문의 목조 구조물

한옥으로 지은 많은 건축물에 공통적으로 해당하지만, 특히 사찰의 일주문을 보면 특별한 부분이 있다. 우리 건축이 서양의 건축물과는 비교할 수 없는, 세계적인 기술과 공간 디자인에 내재된 철학은 물론 독특하고 차원 높은 자긍심을 느낄 수 있는 부분이다. 전통 공간의 구성에서 우리 최고의 건축기술과 철학을 담아 설계한 궁궐의 공간 구성과 지금부터 설명하려는 부분을 참조하면 충분히 수긍이 갈 것으로 생각한다.

건축에 대해 비전문가로서 개인적인 판단이지만 전통 건축의 백미는 바로 '공포(栱包)'라는 부분이다. 특히 일주문은 문에 해당하는 공간을 만들기 위해 흙을 구워 만든 기와와 그것을 지지하기 위해 많은 목재 구조를 사용하여 지붕을 구성하였다. 그런데 이 무거운 지붕을 고작 두 개의 기둥만으로 안정적으로 지탱하고 균형을 맞추고 있다는 점이 매우 특이하다. 서양의 건축 설계와 시공 기술자들의 시각으로 보면, 우리의 전통 건축물 설계와 시공 실력을 인정할 수밖에 없는 부분이며, 동시에 쉽게 이해하기 어려운 독특한 디자인이다.

기둥 2개로 세운 일주문의 도식

잘 이해가 안 된다면 이렇게 한번 상상해보면 도움이 될 것이다. 나무젓가락 두 개로 접시를 받쳐서 세워놓기란 쉽지 않은 일이다. 필요하다면 접시와 나무젓가락에 접착제를 사용하여 고정해놓고 시도를 한다 해도 무방하다. 그런다 해도 이런 방식으로 두 개의 나무젓가락이나 기둥으로 접시 또는 지붕과 같은 모양의 하중이 있는 구조물을 지지하며 오랫동안 세워놓는 것은 그리 만만한 일이 아니다. 무게를 고르게 분배하고, 동시에 무게 중심을 균형 있게 유지해야만 가능한 일이다. 그래서 우리 주변에서 볼 수 있는 거의 모든 구조물은 최소 3개

이상, 보통의 경우에는 4개 이상의 기둥을 세워 구조물을 안정되게 지지하는 방법을 택하고 있다.

그런데 그렇게 쉽지 않은 일을 사찰의 건축에서는 오래전부터 2개의 기둥을 이용해서 구조물을 떠받쳐야 하는 몹시 어렵지만, 정해진 형식으로 해결해 왔고 지금까지 오랜 세월의 무게를 별 탈 없이 지탱하고 있다. 정말 최고의 기술이 아닐 수 없다.

물론 이렇게 눈에 보이는 실체적 사실만으로도 우리의 전통적인 건축기술은 정말 대단하다. 한데 사실 이것보다 훨씬 더, 비교조차 안 되는 차원 높은 건축 실력은 '공포(栱包)'에 있다고 할 수 있겠다. 자세한 설명 이전에 우선 공포의 구조를 알아보고 가는 게 좋겠다.

공포는 처마의 무게를 받치기 위해 주두(柱頭), 소로(小櫨), 살미(山彌), 첨차(檐遮) 등의 부재들로 짜 맞추어 구성된 목조 구조물로, 포(包)라고도 하며 지붕의 무게를 기둥에 전달, 지지하는 기능을 하는 구조물이다. 조금 더 단순하게 설명하면 '기둥과 지붕 사이에서 지붕을 떠받치는 일종의 목구조 장식을 공포'라고 하는데 사실은 이보다 훨씬 복잡하고 많은 부재가 있다.

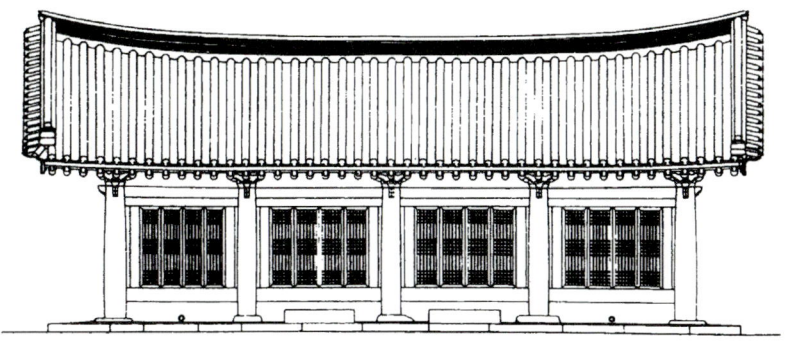

기둥에만 공포가 올려진 주심포 양식

기둥에 공포가 올려진 주심포 양식 - 충남 예산군 덕숭산 수덕사 대웅전

1장_ 전통 사찰, 그 안의 원리와 신비

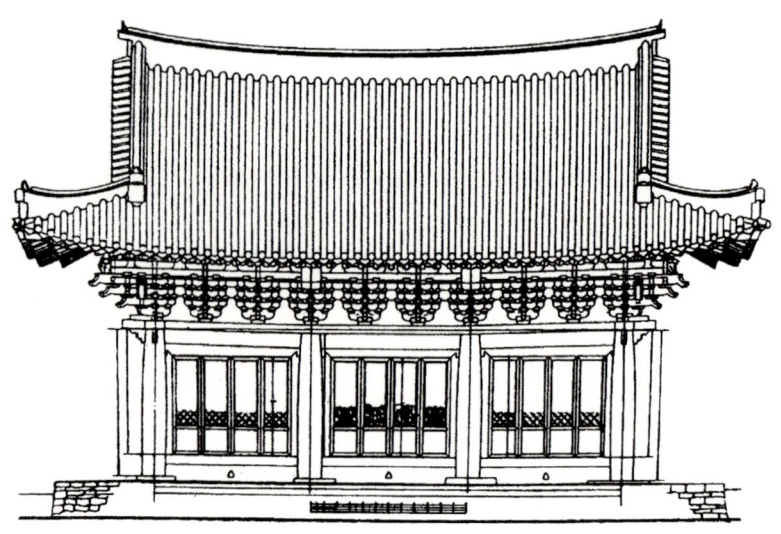

기둥 위에 평방이 있고 기둥과 기둥 사이에 공간포가 올려진 다포 양식

기둥과 기둥 사이에 공간포가 올려진 다포 양식 - 해남 달마산 미황사 대웅전

이러한 공포 구조는 두 가지 형식으로 나눈다. 기둥 위에서 하중을 받쳐주며 기둥에만 공포를 올려놓은 '주심포(柱心包)' 양식과 기둥뿐만 아니라 많을 다(多)의 의미처럼 많은 공포가 기둥과 기둥 사이에도 올려져 있다는 의미의 '다포(多包)' 양식 두 가지이다. 사찰에서 일주문 또는 중심 건축물의 구조는 대개 주심포 형식보다는 다포식(또는 다포계라고도 한다)으로 지어졌다. 이 정도만 알고 있어도 여행을 다니면서 전통가옥이나 어느 사찰 앞에 설치된 표지판에서 설명하는 다포식이니 주심포 형식이니 하는 내용의 의미를 이해할 수 있다.

공포구조는 일반 민가주택에서는 거의 사용을 하지 않고 사찰이나 궁궐과 같이 규모가 있고 비교적 위계가 높은 공간에서 많이 사용한다.

주심포와 다포로 나뉘는 목조가구 형식

우리나라에서 목조건물은 고대부터 지어져 왔기 때문에 그 기법의 발달이나 가구의 치밀한 결구 등은 일찍이 5세기 이전에 확립되었던 것으로 보인다.

고구려의 벽화고분에서 볼 수 있는 주형도를 보면 배흘림기둥의 사용과 함께 초기의 목조가구 형식이 공포가 되도록 간결하고 단조롭지만 상당한 수준의 목구조가 고구려 때부터 이미 사용된 것을 확인할 수 있다. 이는 당시 중국의 건축술을 상당히 모방하여 어느 정도의 수준에 이르렀음을 보여주고 있다. 또 출목[2]을 갖는 공포가 이미 고구려 시대에 사용되었던 것을 볼 때 공포의 실질적인 사용 시기는 이보다 훨씬 앞설 것으로 추측할 수 있다.

---

2 기둥에서 지붕 쪽으로 나무 의자의 팔걸이처럼 튀어나와 지붕의 무게를 받쳐주는 공포의 부재

이후 고려 때는 중국에 영향을 받아 주심포식과 다포식 목구조를 구분 사용하였으며, 주심포식의 경우 고려시대 초기 궁궐 및 불사 건축에 사용된 제1 형식과 제2 형식으로 구분하기도 한다.

주심포 제1 형식은 통일신라에서 영향을 받아 신라계 주심포식이라고도 부르며 해당하는 대표적 건물은 봉정사 극락전과 부석사 무량수전이다. 주심포 제2 형식은 고려 중기에 해당하는 형식으로 고려가 중국의 남송과 적극적으로 무역 교류하게 되면서 남송의 복건지방에 있는 목조건축형식이 이입되었다. 대표적 건물로는 강릉 객사문, 수덕사 대웅전(1308년)이다.

한편, 다포 형식은 고려 중기 이후 중국 원나라에 영향을 받기 시작하면서 원에서 사용하던 목조양식이 전해져 활발히 사용되었다. 고려 충렬왕 3년(1276)에 원나라 공주였던 왕비를 위한 수녕궁을 조영할 때 원의 공장을 초빙하여 다포식으로 궁궐을 건축하였고, 전국적인 보급은 고려 선종을 부흥시킨 승려 혜근이 불사 건축에 다포식 건축을 보급하면서부터라고 보고 있다.

다포식이 주심포식과 다른 점은 첫째, 포작이 기둥 윗부분에만 짜이지 않고 기둥과 기둥 사이의 공간에도 공간포를 한 개 이상 배열한다.

따라서 창방[3]을 보강하기 위해 창방 위에 평방을 덧붙인다. 둘째, 지붕은 팔작지붕을 많이 썼는데 형태상 화려하고 위엄 있으며 기품있게 보인다. 셋째, 기둥에 배흘림이 심하지 않고 가구의 아름다운 곡선형 새김이 줄어드는데 이로써 부재가 규격화된다. 그리고 내부에 천장을 두어 가린다. 반면에 주심포 형식은 우물반자와 같은 천장으로 마무리하지 않고 서까래가 다 드러나 보이도록 가구재를 노출시키는 연등천장이 보편적이고 대부분 맞배지붕이다.

부석사 무량수전은 주심포 형식이면서 배흘림기둥에 다포계 건물처럼 팔작지붕을 올렸다.

3 기둥이 쓰러지지 않도록 기둥과 기둥을 연결하는 가로로 긴 나무

이러한 건축구조 형식은 조선 중기 이후에는 사원이나 사당 등 비교적 소규모의 유교 건축에 익공형식과 같이 간소하게 꾸미면서도 화려한 채색의 단청과 같이 장식적인 기법은 강하게 표현하는, 배흘림기둥의 주심포 형식이 유행하기도 하였다.

그렇지만 때로는 이러한 방식이 혼합되어 주심포계인지 다포계인지 판단이 어려운 건물도 있다. 전북 완주군 화암사의 우화루는 공포구성이 다포계이나 천장은 주심포계에 해당하는 연등천장이니 다분히 주심포계 형식을 갖추었다 하여 절충식이라 부르기도 한다.

충남 홍성 고산사 대광보전(16세기경)의 경우 평방을 올린 팔작지붕의 다포계 형식이지만 기둥 위에만 공포를 올린 주심포 형식의 구조이다. 주심포 형식에 팔작지붕을 올린 부석사 무량수전과 같은 모습이다.

허공에 나타난 부처님,
공조여래좌상

월정사 일주문 이야기를 하다 공포에 대한 설명이 조금 길어졌는데 그럴만한 특별한 이유가 있다.

지금까지의 설명을 참조해서 월정사 일주문 사진 속에서 어느 부분이 공포에 해당하는지 찾아보기 바란다. 일주문 안으로 들어와서 뒷면을 찍은 사진이다.

사진 속 일주문에서 공포를 찾았는지? 만일 찾았다면 무엇이, 어떠한 특유의 방법이 우리나라 건축이 세계 최고로서 자긍심을 느낄 수 있다고 강조하고, 굳이 한옥의 부재인 공포를 설명하는 이유와 그런 특별한 방법이 무엇인지 이미 이해했을 것이다. 그러나 대부분은 찾아내지 못하고, 늘 보던 보통의 목조건물에 청·적·황·백·흑색의 화려한 오방색 단청을 칠한 모습인데 하고 말 것이다. 만일 특별한 이유를 찾지 못했다면 이해를 돕기 위해 앞면과 뒷면의 사진을 부분 확대하고

월정사 일주문 뒷면

명암 처리하여 강조한 다음 사진을 보면 확인할 수 있을 것이다.

　오방색으로 단청이 칠해진 공포와 공포 사이에 어두운색의 비어있는 공간이 보이는데 바로 그 공간이 어떤 특별한 형상을 하고 있음이 느껴질 것이다. 참으로 묘하게도 검은색으로 비어있는 공간이 마치 부처님께서 가부좌를 틀고 앉아있는 형상을 닮았다. 직접 형상을 조각하거나 구조물로 만들어서 의도하는 모양을 표현한 것이 아닌, 부재와 부재 사이에 생긴 공간의 형상을 건축물이 존재하는 장소, 즉 사찰이라는 종교적 공간의 주체인 부처님의 상징적 형상으로 만들었다. 이렇게 비움을 통해 채움이라는 궁극의 목적을 완성해 내는 지극히 차원 높은 디자인과 아주 치밀하게 의도된 설계·시공 능력을 누구도 세계적이라고 인정하지 않을 수 없을 것이다.

월정사 일주문 앞면(위)과 뒷면(아래) 공포에 형성된 부처님 형상의 공간

속리산 법주사 일주문과 공포 사이에 형성된 공간

이렇게 공포와 공포 사이의 공간을 이용하여 만들어진 부처님의 형상을 '공포불(栱包佛)'이라고 부르는데 이보다는 조금 더 정확하게 격식에 맞게 이름을 짓는다면 '공조여래좌상(空造如來坐像)'이라 할 수 있다. 이름이 길어 부르기 불편하다면 '공조불(空造佛)'이라 줄일 수 있다. 공기(허상, 공간)를 재료 삼아 만든 석가모니여래(釋迦牟尼如來)의 앉은 모습의 조각상이라는 의미이니 부르기가 조금 번거로워서 그렇지 오히려 한층 더 학술적인 느낌이 나고 명명법상에도 전혀 문제가 없다.

경북 영주 봉황산 부석사 안양루의 공조불

공간과 부재를 다루는 디자인 능력이 이런 정도의 수준이니 우리의 전통 건축기술과 창의력이 세계적이라는 데에 이의를 제기할 수 없을 것이다. 충분히 자긍심을 가져도 될 법하다.

경북 영주 봉황산 부석사 안양루 공포에 형성된 공간, 공조불(空造佛)은 배경 건물인 무량수전에 채색된 황토색과 붉은색이 어우러져 가사 장삼을 입은 부처님의 가부좌상으로 착각을 일으킬 만큼 더 특별하다.

경남 하동의 쌍계사 범종루의 공포 사이의 공간이 화려한 오방색 단청과 어우러져 가사 장삼을 입은 부처의 모습으로 보인다.

경남 하동 삼신산 쌍계사 범종루에 형성된 공조불

공조불의 상징적 의미와 종교적 친연성

월정사 일주문의 공포 구조를 보면서 비움(空)을 통해 형상(色)을 만들어 내는, 그래서 없는 것이 있어 보이고, 있는 것을 없는 것처럼 보이게 하는 아주 특별한 건축 기술을 감상했다.

불교에 대해 조금 더 깊이 있는 공부를 했거나, 눈치가 조금 더 빠른, 예민한 여행자들은 이렇게 눈으로 인식할 수 있는 단순한 물리적 디자인 능력을 뛰어넘는 훨씬 더 차원이 높은 설계 의도를 하나 더 알아챌 수 있을 것이다. 그것은 바로 이러한 형상적 디자인을 통해서 불자가 아니어도 누구나 많이 들어보고 한 번쯤은 따라서 읊조려 보았을 '반야심경(摩訶般若波羅蜜多心經)'의 한 구절 '색즉시공 공즉시색(色卽是空 空卽是色)'이다. 이 게송(偈頌)을 무심결에 떠올려 독송하게 만드는 참으로 묘한 압박과 은근한 강요의 기술이 아닌가 생각해 본다.

'색즉시공 공즉시색'은 '없는 것이 있는 것(空=色)'이고, '있는 것이 없는 것(色=空)', 즉 '있고 없음이 다르지 않다'는 물질(色)과 비움(空) 또는 소유와 무소유의 근원적 관계를 표현한다. 일평생 무겁게 짊어져 온 결코 벗어날 수 없는 숙명 같은 속세의 욕심을 티끌처럼 가볍게 내려놓으라는 종교 철학적 가르침이다. 이 철학적 가르침은 없는 것을 있는 것처럼 보이게 하는 일주문 공조불의 의도적인 설계를 통해 공간적 해석으로 실현되었다.

결국, 디자인을 통해 종교적 가르침과 공조불의 상징적 친연성(親緣性), 종교 철학과 종교적 공간에 대한 특별한 용도를 규정하고 합치시키는 공간 디자인 기술의 극적이고 더할 나위 없이 멋스러운 어울림을 구현하였다.

우리 공간 디자인의 형상적, 철학적 멋짐은 잠시 뒤로하고, 시각의 폭을 넓혀서 20세기 초 네덜란드 출신의 그래픽 아티스트 모리츠 코르넬리스 에셔(Maurits Cornelis Escher, 1898-1972)의 작품을 비교해 보면 참으로 공교롭게도 지금까지 월정사 일주문에서 보았던 공조불의 잔영을 우리와는 거의 일만 킬로미터 가까이 떨어져 공간적인 교류가 쉽지 않았을 그의 작품을 통해서 아주 우연하게도 디자인적 창의성과 공통적 교감을 다시 느낄 수 있다.

M.C. 에셔의 대표작 중 하나인 'Sky and Water I'이다. 위에서부터 아래로 내려오면서 보면 깃털까지 자세히 묘사된 하늘을 날고 있는 한

M.C. Escher's "Sky and Water I"(1938 Woodcut. 439mm x 435mm)
© 2025 The M.C. Escher Company-The Netherlands.
All rights reserved. www.mcescher.com

마리의 기러기가 한층 아래로 내려오면서 두 마리로, 또 그 아래층에서는 세 마리로, 그렇게 계속 한층 한층 내려오면서 한 마리씩 늘어남과 동시에 기러기를 표현한 선들은 점점 단순해지고 상대적으로 넓었던 기러기들 사이의 간격은 조금씩 줄어든다. 그러다 모르는 결에 기러기와 기러기 사이의 공간에는 물고기 모양의 단순한 형상이 하나둘씩 형성되고 조금씩 구체화하여 나타나기를 반복한다. 마침내 가장 아래층으로 내려와서는 하늘을 날던 기러기는 간데없이 사라지고 기러기와 기러기 사이의 공간은 어둠으로 표현된 물속을 헤엄치는 물고기로 변해버린다.

M.C. 에셔의 초현실주의적 작품 'Sky and Water I'는 마치 월정사 일주문의 공포 구조처럼 형상(色)과 비형상(空)의 경계를 넘나든다. 바로 '색즉시공 공즉시색(色卽是空 空卽是色)'의 사유와 닿아 있다.

없는 것을 있게 만든 일주문 공포와 공간, 그 건축디자인의 형상적, 철학적 정수는 우리가 미처 알지 못했던 그 어떤 경로를 통해 현대 세계미술의 한 장르를 일으키는 데 영향을 주었으리라. 비록 이러한 생각은 지나친 억측이라 할 수 있겠지만 그만큼 우리의 공간 창조의 기술적 능력이 앞선다는 사실은 결코 부정할 수 없다.

말도 많고 탈도 많은 아귀다툼 속에서 시끄럽기만 했던 세상과의 속연(俗緣)을 잠시 끊고, 이 공간에서만큼은 그동안 느껴보지 못했던 나 자신만의 깊은 울림에 집중해보자. 일심으로 부처님께 귀의하고 정진하겠다는 다짐으로 일주문을 넘어서면 세상에 둘도 없이 거만했던 뻣뻣한 목덜미가 저절로 숙여질 만큼 마음이 경건해지게 만드는 울울창창(鬱鬱蒼蒼) 전나무 숲길을 만나게 된다.

코끝마저 찡하게 상쾌한 공기를 마시며 늘씬하게 뻗은 전나무 숲길을 따라 걷다 보면 지금은 치워지고 없어졌지만 치열한 삶의 경쟁에서 밀려 하나둘 자기 몫을 내어주다 결국은 수명을 다한 고사목, 이들을 활용해서 만든 조각 작품 감상은 덤이다.

월정사 전나무 숲길

고사목을 대하니 하늘 끝까지 닿고 싶었던 이승의 욕심을 내려놓은 채 어느새 생을 다했다는 생각이 든다. 고사목들은 지난했던 일생의 마지막 증거라도 되는 양, 옹이 박힌 고된 몸뚱이를 세상 그 누구도 끊어 낼 수 없는 삶과 죽음이라는 철학적 물음에 대한 이정표마냥 단단히 세워놓고 있다.

월정사 전나무 숲길의 고사목을 활용해 만든 작품 1

월정사 전나무 숲길의 고사목을 활용해 만든 작품 2

  고사목들은 이미 정해진 억겁 윤회의 한 장면처럼 다시 땅속으로 돌아가려던 발걸음을 멈추었다. 그리고 어느 솜씨 좋은 목공의 굳은살 박인 마디마디 정성 담긴 손길을 빌려 숲속 작품이라는 아이러니로 되살아났다. 그 앞에서 나는 작아지며 다시금 새로운 생명을 이어 나가려는 종교적 윤회의 실증적 입증이라는 생각이 절로 든다.

윤회사상과
테셀레이션(tessellation)의 데자뷔

삶에 대한 철학적 질문과 불교적 윤회사상의 실증적 입증이라는 답을 동시에 던져준 애잔한 월정사 전나무 숲길의 고사목 작품. 이 고사목 작품을 보며 M.C. 에셔의 또 다른 작품 'Reptiles'(1943)가 떠올려지고, 두 작품 모두 삶과 윤회가 묘하게 연결되니 참으로 특별하다.

에셔의 'Reptiles' 작품은 테셀레이션(tessellation), 즉 정삼각형·정사각형·정육각형을 이용해 반복적인 쪽 맞추기를 하는 타일링기법을 이용했다.

그림을 보면 약간의 단순한 선과 옅은 명암을 사용하여 반복적으로 스케치된 화판에 정육각형 도형이 있다. 그 속에는 명암을 달리하며 정확히 120° 각도로 회전하며 균형을 이룬 파충류가 서로의 빈자리를 채우며 그려져 있다.

평면의 화판 중앙 하단부 여백의 경계에는 운 좋게도 순환의 굴레에서 벗어나 생명을 얻어 바깥세상으로 기어 나왔던, 겨우 모양을 갖춘 악어 형상의 파충류가 시계 반대 방향의 아주 단출한 상징적 생의 순환을 거쳐 볼륨감 있던 입체적 형상을 잃고 다시 평면의 종이 화판으로 되돌아간다.

파충류의 테셀레이션을 통해 불교적 교리의 윤회를 암시한 M.C. 에셔의 작품과의 우연 역시 너무도 경이롭다.

M.C. Escher's "Reptiles"(1943 Lithograph. 385mm x 334mm)
© 2025 The M.C. Escher Company-The Netherlands.
All rights reserved. www.mcescher.com

2장 지혜와 예술이 숨 쉬는 공간

울울창창(鬱鬱蒼蒼) 전나무 숲은 왜 있을까?

턱을 치켜들고 고개를 어연간히 젖혀 들지 않고서는 그 끝을 보기 어려울 만큼 늘씬하게 뻗어 올라간 전나무가 숲길을 이룬다. 그 길을 걸으면 흐르는 듯 스쳐 가는 산들바람과 어디서 무얼 하다 이제야 왔냐는 투정과 반가움이 뒤섞인 재잘거림 같은 물소리가 들린다. 잔잔한 개울 물소리를 길잡이 삼아 걷다 보면 번잡한 도시에서 탁한 공기와 갖은 고민에 시달렸을 가슴속 깊은 응어리가 시원하게 씻어지는 청량감에 세상 온갖 시름이 언제였던가 싶다.

산의 경계나 산속에 있는 대개의 사찰은 자연스레 개울을 끼고 위치한다. 사찰에서 개울은 일주문이 그랬듯이 성(聖)과 속(俗)을 구분하는 공간적·상징적 의미가 있다. 일주문 앞을 흐르는 개울은 불교의 이상향이라 할 수 있는 수미산을 둘러싸고 있는 일곱 산맥을 다시 둘러싼 여덟 바다 중 맨 바깥쪽 짠 바다를 제외한 일곱 개의 민물 바다, 향수해(香水海)를 상징한다. 그런 이유로 개울을 건너는 다리에는 '피안

엄숙함이 깃든 전나무 숲길

교(彼岸橋)' 또는 불자의 궁극적 소망을 담아 '해탈교(解脫橋)'라 이름 짓고 성역과 속세를 연결하고 구분하는 역할을 한다.

온갖 번뇌에 휩싸여 생사윤회를 하는 곳에서 아무런 고통과 근심 없는 깨달음의 세계로 건너는 다리를 뜻하는 피안교는 '이 언덕(此岸, 차안)'에서 '저 언덕(彼岸, 피안)'으로 건너가는 다리라 하여 '피안교(彼岸橋)'라 한다. 누구나 피안교를 건너다닐 수는 있겠지만 좁쌀 같은 마음에 속된 욕심을 내려놓지 못하면 아무리 애를 써봐야 깨달음을 얻지 못하고 피차일반(彼此一般)이겠다.

월정사 전나무 숲과 나란히 흐르는 개울 역시 속세를 넘어온 성역인 수도의 공간이자 종교적 이상향을 구분하는 상징적 경계, 공간적 장치이다. 그런 의미의 피안교를 건너와 걷는 숲길은 더욱더 깨끗하고 맑게 느껴진다. 전나무 숲길이 인도하는 방향으로 무념무상의 걸음을 걷다 보면 아무리 산만한 사람도 딴청을 부릴 수 없도록 한쪽 방향만 보게 된다.

이러한 경관 조성 방법을 초점경관(Vista) 기법이라 한다. 관찰자의 시선이 좌우는 제한되고 중앙의 한 점으로 모이도록 유도하려 하는 기법이다. 즉 시선을 경관 안의 어느 한 점으로 유도하려 의도적으로 구성한 경관 조성 방법이다. 이 기법은 중앙의 초점을 중심으로 강한 시각적 통일성과 안정된 구도를 지니고 있으며, 시선을 초점으로 끌어들여 집중시키는 강력한 힘이 있다.

이렇게 하나의 방향성을 이룬 축선을 따라 연속적으로, 조금씩 공간을 변화시킴으로써 이 공간을 설계한 능력자(?)는 그다음 공간에 대한 기대감과 경외심, 그리고 약간의 엄숙한 긴장감을 너무도 능숙하고 자연스럽게 끌어낸다.

일주문에서 사천왕문까지 500여 미터에 이르는 울창한 전나무 숲길을 조성하여 엄숙함을 이끌어 내는 공간 설계 방법은 전북 부안에 있는 내소사에서도 만날 수 있다.

초점경관(Vista)을 형성한 부석사 천왕문 숲길

전북 부안군 내소사 전나무 숲길

점승법,
공간의 불리함을 극복하다

일반적인 산지 사찰의 경우 다음 공간에 대한 기대감과 긴장감을 유지하기 위하여 산지형 사찰이 입지한 공간의 자연스러운 경사도를 이용하여 미리 예상하거나 넘겨 볼 수 없도록 절묘하게 공간 배치를 했

점승적 상승공간

다. 그로 인해 다음 공간을 사전에 알거나 예측할 수 없어 공간에 대한 긴장과 기대감을 극대화하는 상당히 효과적인 장치를 해 두었는데 이를 점승법(漸昇法)이라 한다.

 힘들게 경사로를 올라야 접근할 수 있는 산지형 공간의 불리함을 오히려 긴장감과 호기심을 통해 종교적 공간의 엄숙함으로 극적인 전환을 시키는 대단히 훌륭한 공간 구성 기법이다. 불교 사찰에서 활용하는 점승법은 법당이 위치한 높은 위치의 입지를 활용하여 낮은 단계에서 위로 올라갈수록 위계에 대한 질서와 공간에 대한 중요성이 높아지도록 배치하였다. 이에 따라 건축과 공간에 대한 위계를 엄격하게 구분하고 있는데 높은 곳에 있는 공간과 건물이 더 중요하고 위계가 높은 곳이라는 의미이다.

 중력에 의해 물은 위에서 아래로 흐르지만, 사찰 건축의 공간적 위계라 하는 무게감은 아래에서 위로 오르면서 중요성이 높아진다는 의

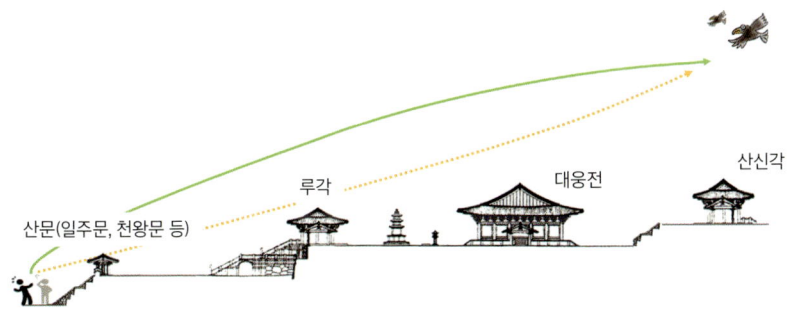

사찰의 경사지를 이용한 점승법적 배치

미이다. 점승법으로 구분한 공간의 위계는 불교에서 의미하는 이상향에 대한 공간적 상징성을 담고 있다.

그렇지만 월정사는 일주문에서 본당인 적광전까지의 고도차가 일반적인 산지형 사찰과는 다르게 비교적 완만하다. 그러기에 경사로를 오르면서 앞으로 전개될 공간에 대한 기대감과 호기심, 긴장감 등을 줄 수 있는 점승법을 사용하기에는 한계가 있다. 이러한 문제를 극복하고 종교적 긴장감을 약화하는 완만한 지형적 어려움(?)을 대신하기 위해 상대적으로 위압감을 주는 전나무 숲을 활용하고 있다.

종교적 공간에 어울리는 경외심과 긴장감을 높이려 전나무숲을 통해 시각을 차단하고, 다음 공간에 대한 몰입감과 기대감을 키우려 했다면 이는 공간 활용 측면에서 매우 탁월한 방법이다. 의도하였던 그렇지 않았든 간에 월정사 전나무 숲은 불교 사찰의 엄숙함, 경건함이라는 종교적 공간의 기능을 극대화해 이곳을 걷는 사람들의 마음을 정화하는 특별한 역할을 하고 있다.

종교적 엄숙함과 경건함을 유도하는 산문

제한된 시각의 경관을 형성한 전나무 숲길을 따라 걷다 보면 번잡한 잡념을 내려놓고 자신의 내면 깊이 몰입할 수 있다. 마치 참선(參禪)을 하듯 마음이 고요해진다. 그렇게 평온해졌던 마음이 숲에 둘러

전나무 숲길의 끝

싸여 조용히 흐르던 물소리만으로 그 존재를 짐작했던 개울을 만나 다시 흐트러질 즈음, 숲길 한쪽에 축선을 형성하여 가리키는 방향의 끝으로 눈길을 맞추면 새로운 산문이 또다시 시선을 막아선다. 천왕문이다.

전나무 숲길 끝을 막아선 월정사 천왕문

일반적인 사찰의 공간 구성이 그러하듯 월정사의 공간도 일주문을 지나 속세의 번잡했던 마음을 조금씩 다스리며 걷다 보면 일주문, 천왕문, 금강문, 불이문, 범종각 등으로 불리는 산문과 누각을 통과하게 된다. 일주문의 설치 의미를 살펴보아 이해했듯이 본당으로 이어지는 이동 경로에 설치된 산문들과 본당 앞의 누각에는 단순한 구조물을 넘어서는 종교적 의미와 설치 목적이 담겨 있다. 이들은 겉으로 드러나지 않는 상징성과 의도를 통해 참배자들이 종교적 공간이라는 장소성에 자연스럽게 스며들도록 설계된 것이다.

금강문이나 천왕문은 악귀의 범접을 막고 마음속에 있는 잡념을 없애 불법을 수호하려는 의미가 있다. 불이문의 경우는 하나뿐인 궁극의 진리를 상징하며, 이곳을 통과해야 진리의 세계인 불국토로 들어갈 수 있음을 뜻한다. 결국 불이문을 통과해야 만날 수 있는 본당이 있는 공간은 이미 불국토(佛國土)라는 상징성을 내포하고 있다. 다만 산문 설치에 따른 이러한 종교적·상징적 의미는 배제하고 기능적인 의미로만 생각할 때, 드는 의문이 있다. 이렇게 각 공간의 이행 단계마다 문을 설치하면서도 경계를 나누는 담은 두르지 않고 공간을 조성한 이유는 무엇일까?

이는 나무에 올라가 물고기를 찾아오리라는 세상의 온갖 조바심과 수단과 방법을 가리지 않고 이겨내야만 생존할 수 있는 치열한 경쟁 속에 복잡다단했던 사람들의 마음이 차근차근 이완되도록 하는 장치이다. 일주문, 천왕문, 금강문, 불이문 등 성역의 관문을 통과하는 과정을 통해 종교적 공간에서 갖추어야 할 엄숙함, 경건한 분위기에 적응하도록, 그러한 심리적 분위기를 지속적으로 끌어내려는 의도인 것이다.

여기에 더해 산문과 누각의 설치 의도를 깊이 살펴볼 필요가 있다. 산문은 앞에서 설명한 종교적 상징성을 이유로 전이 공간의 연속선상에 배치되었다. 반면, 누각은 다음과 같은 기능적 이유로 중심 공간을 완전히 막아서도록 설치하였다.

누각의 아래층은 이동통로의 역할을 하도록 내어주고, 위층은 강당이나 종루와 같은 실용적 공간으로 사용하였는데 이러한 배치는 누각의 복합적인 활용을 염두에 둔 것이다. 또한 누각은 다음 공간에 대한 시각적 통제를 강화하는 역할을 한다. 아래층을 통과하는 공간전이 과정에서 극단적인 명암 변화를 유도하기 위해 주변 빛을 차단해 암전 효과를 만들고, 누각을 통과한 이후에는 상대적으로 밝고 탁 트인 공간과 마주하게 된다. 이로 인해 극단적인 개방감을 느끼게 하고, 이전의 세상과 단절된 듯한 분위기를 형성한다. 결과적으로 참배자가 다른 차원의 공간으로 이동한 것과 같은 공간 전환의 경험을 자연스럽게 받아들이게 하는 극적인 효과를 얻게 된다.

이러한 공간전이의 극적인 효과를 연출하기 위해 이 공간을 방문하는 모든 사람에게 강요되는 이동방법으로 누각의 하단 부를 통과해야 하는 누하진입법(樓下進入法), 또는 문루진입법(門樓進入法)과 좌우 측면으로 돌아서 진입하는 측면진입법이 있다. 두 방법 모두 다음 공간에 대한 시각적 차단과 그로 인한 종교적 경외심, 엄숙함을 끌어내는 효과적인 방법이다.

다음 공간을 시각적으로 차단한 영주 부석사 안양루

영주 부석사 안양루 하단을 통한 출입(누하진입법)

누하 진입에 의한 명암 변화

누하 진입에 의해 다음 공간이 가려지는 차폐효과

두 가지 방법 중에서도 누하진입법은 아주 탁월한 설계기법이다. 누각 아래층을 통과할 때 좁고 낮아 약간은 폐쇄된 느낌을 주지만, 그 공간을 빠져나오면 상대적으로 밝고 탁 트인 넓은 본당이 펼쳐진다. 그 순간, 깨달음의 경지에 이른 것처럼 극적인 시각적 전환이 이루어지며, 경탄할 만큼 눈앞이 시원해지고 아름다운 공간으로 이동한 느낌이 극대화된다. 기차나 자동차를 이용해 여행하던 중 터널을 통과할 때 느낌을 생각하면 이해가 쉬울 듯하다. 기차가 터널을 빠져나오면 전혀 다른 세상으로 이동한 듯 묘한 기대감이나 몽환적 상상이 드는데, 누하진입법 역시도 '터널통과' 또는 '동굴탈출'처럼 극적인 분위기 전환 방법이다.

극적인 분위기 전환의 장치, 누하진입법

갑작스러운 명암의 대비를 통해 극적으로 분위기를 전환하거나 환경 변화와 몰입을 끌어내는 방법인 누하진입법은 중국의 대표적 시인 도연명(陶淵明)의 유명한 산문 「도화원기(桃花源記)」에서도 확인된다. 진(晉)나라 때 한 어부가 떠내려오는 복숭아 꽃잎을 따라가니 사람 한 명이 겨우 지날 수 있는 '작은 동굴'이 나타났다. 그 동굴을 통과하자 나타난 곳은 우리가 꿈꾸던 이상향이었고 그는 그곳에서 시간 가는 줄 모르고 지내다 돌아왔다는, 바로 '무릉도원(武陵桃源)' 이야기이다. 작은 동굴이 속세와 신선의 세계를 연결하고 전환해주는 극적인 공간이동 장치인 셈이다.

1968년 일본 최초로 노벨문학상을 받은 소설에서도 이처럼 극단적 공간 분위기 전환 효과인 터널통과 방법이 등장한다. 작가는 이 방법을 활용하여 극적인 변화와 공간이동에 따른 몰입감을 제공하여 소설 시작부터 이야기에 빠져들게 한다.

> "국경의 긴 터널을 빠져나오자 설국이었다.
> 밤의 밑바닥이 하얘졌다."

가와바타 야스나리(川端康成)의 소설 『설국(雪國)』의 명문장이자 시작 장면이다. 설국의 시작을 알리는 첫 문장을 통해 소설을 읽는 사람들이 세상의 모든 번잡함을 단박에 잊어버리고 눈 덮인 조용한 산간마을의 서정적 풍경에 푹 빠져들게 했던 것이 이 작품을 노벨문학상으로 이끌었던 결정적인 힘은 아닐까 생각해 본다.

소설을 읽고 난 이후 어느 순간부터인가 터널을 지날 때는 혹시 이 터널이 끝나면 또 어떤 세상이 나타날까? 설렘 반 기대 반으로 지나게 될 때가 많아졌다. 특히 겨울에는 더 그렇다.

누하진입을 통한 극적인 명암대비 효과

많은 소설가가 글을 쓸 때 "첫 문장이 그 소설의 성패를 가늠한다"고 한다. 시작하는 문장이 밋밋하면 대부분의 독자가 책장을 그대로 덮어두게 된다는 의미이다. 소설의 첫 문장과 소설의 성패에 관해 이야기할 때 언급되는 작가 중 김훈을 빼놓을 수 없다. 짧지만 고뇌와 깊이를 충분히 담아내는 명문장가로 알려졌는데 그는 소설 『칼의 노래』의 첫 문장을 위해 무려 수개월을 고심했다 한다. 짧은 문장이지만 전란 속에 버려진 민초들의 자주적(自主的)이고 강인한 생명력, 그리고 피폐해진 당시의 상황을 모두 품어냈다는 평가를 받는다.

"버려진 섬마다 꽃이 피었다. 꽃 피는 숲에 저녁노을이 비치어 구름처럼 부풀어 오른 섬들은 바다에 결박된 사슬을 풀고 어두워지는 수평선 너머로 흘러가는 듯싶었다. 뭍으로 건너온 새들이 저무는 섬으로 돌아갈 때, 물 위에 깔린 노을은 수평선 쪽으로 몰려가서 소멸했다. 저녁이면 먼 섬들이 박모 속으로 불려가고, 아침에 떠오르는 해가 먼 섬부터 다시 세상에 돌려보내는 것이어서, 바다에서는 늘 먼 섬이 먼저 소멸하고 먼 섬이 먼저 떠올랐다."

- 『칼의 노래』 중

인간이 떠나버린 섬에서 생명들은 스스로를 독립된 유기체로 생각해왔고 그렇게 능동적으로 살아왔다는 의미로 '꽃은'이 아니라 '꽃이'를 선택할 수밖에 없다는 작가의 의도에 첫 문장부터 마음이 뜨거워진다.

2024년 우리나라에서도 노벨문학상을 수상한 한강과 같은 작가가 나왔다. 비록 최고의 상을 수상하지는 못했지만 그에 못지않은 명문장의 작가들이 있음을 알리고 싶은 마음에 이야기가 약간 다른 곳으로 흘렀다.

놀이공간에서의 터널통과 공간 전이방법

공간 전이의 극적인 효과를 얻기 위해 현대에서도 공간을 설계할 때 이렇게 숲(가로수 터널)이나 건물 등에 좁고 어두운 폐쇄적 통로를 설치한다. 이를 통해 그곳을 통과하는 짧은 순간에 세상과 공간적인 단절을 시켜 새로 진입한 공간에 대한 몰입도를 극대화하는 방법으로 사용하기도 한다.

보여주고 싶다면 먼저 가려라, 억경(抑景)

누하진입법과 같이 좁고 폐쇄된 느낌의 공간을 통과한 후 밝고 넓은 공간을 펼쳐 심리적 해방감과 극적인 공간이동과 같은 효과를 얻으려 의도적으로 사용하는 또 다른 경관 조성 방법이 있다.

욕양선억(浴揚先抑), 또는 줄여서 억경(抑景)이라고 하는 경관 조성 방법이다. 욕양선억은 '펼치기 전에 먼저 억누른다'는 원리로 먼 곳의 풍경을 바로 보지 못하게 막은 뒤, 갑자기 넓은 공간을 드러내는 수법이다. 작은 공간이나 시각적인 제한을 통해 의도적인 긴장감을 주고, 이후에 넓은 공간을 한 번에 드러내어 경관 분위기를 반전시키는 극적인 효과를 얻게 한다.

중국 명나라 장덕제 때인 1509년 왕헌신(어사 벼슬)은 이화원, 피서산장, 유원 등 중국 4대 정원 중 하나인 졸정원(拙政園)을 조성하면서 욕양선억의 방법을 사용하였다.

당 현종이 양귀비를 위해 조성한 중국 대표 원림 화청궁 정원

졸정원은 전체 면적의 60%를 호수로 구성하여 밝은 수경관을 연출하였고 이와 대비되는 깊고 넓은 느낌의 심원감(深遠感)을 조성하기 위해, 호수와 굴곡진 인공 언덕(築山)의 경계선을 따라 깊이 있는 경관(深遠)을 형성하였다.

이와 유사한 방법으로 보여주고 싶은 경관을 가린 후 깊고 은밀한 효과를 나타내는 '욕현이선은(欲顯而先隱)'과 '욕로이장(欲露而藏)' 방법이 있다. 보여주기 전에 가리거나, 드러내기 위해 감추는 방법으로 두 기법 모두 경관의 매력을 단번에 드러내지 않고 단계적인 노출을 통해 극적인 효과를 유도하는 경관 조성 방법이다.

전통적인 중국 원림 경관은 천박한 노출을 피하고 심오함을 추구하기 위해, 가리는 방법을 사용하여 함축적이고 깊이 있는 분위기를 만들었고, 태호석을 적극적으로 활용하여 암시적 표현과 심오한 경관을 연출하였다.

졸정원은 중국의 고대 강남지방 관료들이 거주하던 주택의 건축과 원림 양식을 엿볼 수 있는 정원으로 지금까지 온전하게 보존되어 온 개인 정원이다.

열어놓은 채
공간을 통제하는 방법

누하진입법은 이러한 심리적, 시각적 장치 이외에 몰락하고 멸시받던 신분의 아픔을 견디며 살아야 했던 시대상을 반영한 또 다른 차원의 의도를 담고 있다.

익히 알다시피 조선시대에는 유교가 국가 통치의 핵심 이념으로 중시되었다. 반면, 불교는 구 왕조 세력과의 결탁이나 부정한 정치 개입 등의 이유로 폐단의 상징으로 여겨지며 억압받았다. 이로 인해 불교에 귀의한 스님들은 사회적으로 최하층 신분에 전락했고, 그에 따른 고단한 삶을 견뎌내야 했다.

고구려, 백제, 신라가 치열한 경쟁을 하였던 삼국시대에는 왕족들을 중심으로 불교가 번성하였기에 사찰의 입지 역시 지금과는 달랐다. 깊은 산중이 아니라 왕과 왕족이 있는 중심지의 평지형 사찰이 주된 공간적 분포였다. 그러나 민간의 산악숭배사상과 불교의 영지신앙이 결합하여 산에 대한 불교적 의식이 형성되고, 통일신라 시대 중기 이후 선종(禪宗)의 영향과 화엄종의 개창으로 산지 가람이 만들어지기 시작하며 공간적 측면의 입지적 변화가 나타나기 시작했다.

이렇게 산지 가람 중심의 공간적 입지 변화가 나타났음에도 불구하고, 통일신라와 고려를 거치며 번성하던 불교는 조선왕조 개국과 함께 유교의 국가 이념 채택으로 인해 오랫동안 누려왔던 굳건한 사회적 입지를 잃게 되었다. 게다가 종교적 수행정진을 위한 출가는 가족과의 인연을 끊고 유교에서 인륜의 으뜸 덕목으로 여기는 부모를 공경하는 효(孝)와 예로서 제사를 받드는 자식의 도리를 행하지 않는 것이기에 승려들에 대한 사회적 비판은 클 수밖에 없었다.

결국 승려들의 신분은 사회 최하층 계급으로 내려앉았으며 사찰의 입지도 이들의 신분 하락과 함께 점차 왕경(王京) 중심에서 세력권이 밀려났다. 그러다 보니 힘깨나 쓰는 양반들이 경치 좋은 곳을 유람하며 그들의 편의를 조달하기 위해 산속에 위치한 사찰에 막무가내로 말을 타고 들어와 승려들을 부려 먹고 행패 부리기 일쑤였을 테고, 그렇게 오랜 기간 고요한 수도 도량을 흔들어 놓기를 반복했다.

이러한 사실은 화가 정선이 1711년에 김창흡의 여섯 번째 금강산 유람에 동행하며 그렸던 작품 〈백천교〉를 통해서 간접적으로 확인할 수 있다. 외금강 유점사 아래에 있는 백천교는 가마를 타고 금강산에 유람하러 온 양반들이 이곳에서 말이나 나귀로 갈아타는 환승 지점이었다. 다음에 나오는 〈백천교〉 그림 왼쪽 아래에는 흰색 고깔을 쓴 승려들이 양반들의 가마를 내려놓고 쉬고 있는 모습이 보인다. 이 모습은 당시 승려들이 양반들의 유람 활동에 쉽게 동원되고 있는 사회적 지위와 그들의 고단함을 대변해주고 있는 장면이다. 그 시기에 지역관리들의 물질적 도움과 환대를 받을 수 있을 정도로 신분이 높은 일부 계층의 양반들은 많은 식솔들을 동행하여 풍광이 좋은 유명 경승지를 유

정선의 백천교(1711)
출처: 국립중앙박물관

람 다녔고, 특히 산행은 유산(遊山)이라 하여 특별한 경험으로 자랑하기도 하였다.

사실 조선시대 사대부들은 산은 자신을 닦아 도덕적·인격적 완성을 지향하는 수기(修己)와 올바른 마음의 본성을 지키고 역량을 기르는 존양(存養)의 장소로 생각했다. 한 발 한 발 어렵게 산을 오르는 것 자체를 공부이자 수양으로 여겼으며, 명산의 경관은 유학의 이치를 습득하게 하는 텍스트라고 간주하였다.

이에 대해 조선 중기의 문신 박여량(朴汝樑, 1554~1611)은 여러 번의 지리산 유산 경험을 언급하며, "산을 유람하는 것은 글을 읽는 것과 동일하다"고 하였다. 또한 하익범(河益範, 1767~1813)도 '유두류록(遊頭流錄)' 말미에 "단지 기이한 경치만 감상하는데 그치고, 동정(動靜)의 이치를 터득하여 나의 어짊과 지혜의 즐거움을 얻지 못했다면, 어찌 부끄럽고 두려워할 만한 일이 아닌가"라고 쓰며 산행이 공부의 수단이었음을 간접적으로 밝혔다. 이외에도 많은 부류의 조선시대 유학자들은 유산(遊山)이 경전을 읽는 것과 다를 바 없다고 생각하며, 유산을 통해 철학적 사유를 넓혀나가고 산이 지닌 덕과 이치를 배우려 하였다. 이와 같은 동기로 산을 찾은 이들이 적지 않았다.

이렇듯 조선 전기 사대부들의 산행은 대체로 자기 수련을 위해 도보 등 자력으로 이동하였으나 16세기 후반부터 이러한 유산활동에는 그

관인원행(김홍도, 1795)
출처: 국립중앙박물관

들의 발을 대신해 줄 가마와 이를 매고 다닐 인력으로 산중 사찰 곳곳에서 수행하는 승려들을 동원하였다.

김홍도의 〈관인원행〉에서도 볼 수 있듯이 당시의 상류계층이었던 양반들은 가마(輿)와 말을 주요 이동 수단으로 활용하였다. 그중 말은 현대의 승용차처럼 먼 거리를 빠르게 이동할 수 있는 아주 유용한 이동 수단이자 자신의 신분과 권력을 과시하기에도 좋았다. 말을 타고 높은 입지에서 내려다보는 방법 또한 심리적 우월감에 도취되는 훌륭한(?) 수단이었다.

그런 양반들 중 일부 계층의 양반집 자제들이 신성한 수도의 도량인 사찰에 말을 타고 들어와 자신의 신분을 과시하며 안하무인격의 소란을 피우며 돌아다닐 때 안타깝게도 이를 통제할 수 있는 마땅한 방법이 없었다. 스님들로선 절대 권력을 휘두르는 양반들의 심기를 건드리지 않고 종교적 공간에 대한 엄숙함을 지켜낼 수 있는 특별한 대책이 필요했다.

오랜 고민 끝에 생각해낸 아주 기발한 방법이 바로 누하진입법이다. 누하진입법은 사찰 입구와 본당에 이르는 주요 이동 경로에 산문과 누각을 배치하고 반드시 이곳을 통과해야만 본당의 공간으로 들어올 수 있도록 공간적인 통제를 하는 일종의 하마비였다. 낮은 문 높이로 공간을 막아선 누각을 통과하기 위해서는 지위고하를 막론하고 어쩔 수 없이 말에서 내려 걸어 들어올 수밖에 없다. 그런 장치가 바로 누하진입법이었으니 탁월한 방법이다.

궁궐이나 관청을 수시로 드나들 수 있던 당시의 신분 높은 양반들은 급할 때는 집안에서 말을 타고 나들이할 때도 있었다. 대문이 낮으면

양반가 권위의 상징이며 말을 타고 출입하도록 만든 솟을대문

말을 탄 채로 출입할 수 없어, 부득이하게 문밖에서 내려야 하는 번거로움이 있었다. 이를 해소하려 말을 탄 채로 쉽게 드나들 수 있는 솟을대문을 달았다. 솟을대문은 양반가 권위의 상징이었다. 사대부 집 출입문의 지붕을 양옆에 붙어있는 행랑보다 높게 올려서 만든 솟을대문은 말을 타고 드나들지 않는다 하더라도 집의 격을 높이는 과시용이기도 했다.

여기서 착안하여 말을 타고 사찰 경내로 들어옴에 따라 발생하는 소란과 부당한 출입을 자연스럽게 막아 내고자 사찰 입구에 설치한 통제 장치가 누각이다. 누각을 통과할 때 말에서 내려 걷지 않으면 머리를 부딪칠 수 있으니, 이를 피하려면 고개를 숙이고 허리를 납작 엎드려 볼썽사납게 지나가야 한다. 그래서 어쩔 수 없이 말에서 내려 걸어 들어오게끔 통제하는 특별한 공간 접근방법이 바로 누하진입법이다. 높다란 누각을 설치했지만, 실질적으로는 말을 타고 들어올 수 없도록 아래층에 열어놓은 출입 공간은 낮게 하여 막아버린 것이다.

엄숙하게 예의를 지켜야 하는 대표적인 장소인 경복궁 같은 법궁이나 종묘, 능원, 사당 등에는 입구에서 멀찍이 떨어진 곳에서부터 지체 높은 양반들이 이동 수단인 말에서 내려 걷도록 하였다. '지위가 높거나 낮거나 막론하고 모든 사람은 말에서 내려야 한다'는 뜻의 '대소인원개하마(大小人員皆下馬)'라고 새겨놓은 '하마비(下馬碑)'를 세우고 말에서 내리는 것을 돕는 디딤돌을 설치한 것이다.

말에서 내려야 함을 알리는 하마비

그런 곳에서는 하마비를 설치한 주체자의 권위에 눌려 글을 읽을 줄 아는 양반이라면 반드시 말에서 내려 예를 갖추고 출입하곤 했다. 그러나 상대적으로 사회적 신분이 낮았던 불교 사찰에서는, 아무리 글을 많이 읽었어도 수양이 덜 된 양반자제들이 자신의 권력과 위세를 뽐내며 말을 타고 들어와 사찰의 경내를 휘젓고 돌아다닐 때 그 누구도 감히 나서서 이를 제어할 수 없었다. 이 문제를 누하진입법이라는 기발한 방법으로 해결하였다. 불교의 종교적 공간 설계자들이 고안한 탁월한 통제 기법이다.

유명한 언어학자이자 인지과학자인 '질 포코니에(Gilles Fauconnier)'와 '마크 터너(Mark Turner)'는 『우리는 어떻게 생각하는가-개념적 혼성과 상상력의 수수께끼』에서 "조지 부시는 태어나기를 3루에서 태어났는데, 그는 자기가 3루타를 쳤다고 생각한다(George Bush was born on third base and thinks he hit a triple)"라는 재치 있는 비유를 통해 노력하지 않고 획득한 사회적 신분에 대한 과시를 통렬하게 비판하였다. 당시 자질과 관련 없이 음서제도를 통해 출세 가도를 달렸던 양반자제들이나, 큰 노력 없이 태어나 보니 어쩌다 분에 넘치게 많은 것을 손에 쥐고 흔드는 현대의 금수저들은 깊이 생각해 볼 일이다.

예전이나 지금이나 몸과 마음을 바르게 닦고 품성과 예를 갖추는 것은 글을 많이 읽는다고 되는 것은 아니다.

땅과 하늘,
속세와 성역을 잇는 무지개다리

전남 순천에 있는 조계산 선암사는 아름답기로 소문난 사찰이다. 누구라도 초입에 있는 무지개다리, 승선교(昇仙橋, 보물 400호)를 본다면 아마 우리 사찰이 품고 있는 아름다운 매력에 푹 빠지고 말 것이

선암사 무지개다리 승선교(昇仙橋) 틈에 담긴 강선루(降仙樓)

다. 주변 자연과 경관을 해치지 않고 오히려 더 멋스러운 풍경을 형성하여 개울을 가로지르는 승선교는 우리나라에서 가장 아름다운 다리로 손꼽힌다.

우리나라에서 본격적이고 진보된 기술과 형식을 갖춘 다리가 축조되기 시작한 시기는 삼국시대라고 할 수 있다. 이 시기의 다리는 대부분 국가 정책에 의해 축조되었으나, 마을의 필요에 따라 자발적으로 지어진 예도 있다.

기록에 따르면, 우리나라 최초의 다리는 413년에 완공된 평양주대교(平壤州大橋)로 알려져 있다. 정확한 위치는 알 수 없으나, 상당히 대규모의 공사였던 것으로 추정된다. 이 외에도 경주의 서천교(西川橋) 부근에 있었던 금교(金橋) 또는 송교(松橋), 부동남(府東南)과 부서남(府西南)의 교천상(蛟川上)에 각각 위치한 춘양교(春陽橋)와 월정교(月淨橋) 등이 기록이나 구전을 통해 전해지고 있다.

현존하는 가장 오래된 무지개다리, 홍예교(虹霓橋)는 통일신라 시대 불국사의 청운교(靑雲橋), 백운교(白雲橋), 연화교(蓮花橋), 칠보교(七寶橋)로, 신라 경덕왕 10년(751년)에 김대성(金大城)에 의해 축조되었다. 홍예교는 구조적으로 안정적이고 아름다운 조형미를 갖춘 건축물로 평가되며, 통로 기능뿐만 아니라 상징성과 조형미를 중시하는 궁궐과 사찰에서 널리 사용되었다. 특히 산사 입구의 무지개다리는 속세와 극락세계를 잇는 종교적인 의미와 상징적인 의미를 담고 있다.

다리 축조에는 승려들이 중요한 역할을 했다. 불교에서는 다리를 놓아 사람들이 불편 없이 다닐 수 있도록 하는 월천공덕(越川功德)을 선업(善業)으로 여겼으며, 이는 보시(布施)의 일환으로 간주되었다. 또한 사찰이 심산유곡에 위치한 경우가 많아 다리의 필요성이 컸다. 그런 이유로 승려들은 사찰 안팎은 물론 민간 지역에서도 다리 축조에 많이 참여하였다. 현재 사찰 주변에 남아있는 많은 옛 다리는 승려들이 우수한 다리 축조 기술자였음을 보여준다.

'무지개다리'는 무지개의 곡선 모양을 닮아 활처럼 휘어진 아치형 다리를 의미한다. 전통적으로 무지개는 땅과 하늘, 이승과 저승, 속세와 성역을 이어주는 신성한 상징으로 여겨져 왔다. 선암사 무지개다리는 아름다움도 뛰어나지만, 이 다리를 통해 보이는 강선루(降仙樓)의 모습은 감탄을 자아내는 비경(祕境)이다. 너무도 아름다워 이름조차 신선이 내려와서(降仙) 놀다가, 하늘로 오르는(昇仙) 누각과 다리이니 감히 신선의 세계와 견줄 만하다는 빼어난 풍광에 대한 자부심이 느껴진다.

선암사 강선루는 사찰 공간의 엄숙함을 지켜내기 위한 물리적인 통제 방법으로 동선을 자연스럽게 가로막은 구조물이다. 강선루 누각 아래를 통과하여 본당의 영역에 오르면 고즈넉하고 아기자기한 오래된 사찰의 향기가 절로 느껴진다.

사찰 공간의 엄숙함을 지켜려 길을 막아선 통제 장치, 강선루

오래된 사찰의 느낌을 주는 선암사 돌담

선암사는 보통의 사찰보다 공간적인 깊이가 다른 곳이니만큼 충분한 여유를 가지고 차분한 마음으로 구석구석 둘러봐도 돌아와서 다시 챙겨보면 빠뜨린 것이 있는 참 묘한 매력을 지닌 사찰이다.

그런데 선암사에는 아무리 눈을 크게 뜨고 샅샅이 찾아봐도 일반인들이 자력으로는 찾아내기 힘든 비밀스러운 또 하나의 아름다운 장소가 있다. 바로 한국의 아름다운 전통 수경공간을 대표하는 달마전 물확이다.

쓰임에 정갈함마저 더한 수경시설, 물확

조계산에서 흘러내린 가녀린 물줄기는 야생의 차나무 뿌리를 적시고, 끊어내기 힘들게 얽매였던 번뇌(煩惱)와 미혹(迷惑) 같은 티끌들을 묶언 수행하듯 혹독한 고행과 끈질긴 인내로 모두 떨구어야 비로소 선원의 뒷마당 샘물이 된다. 그렇게 오랜 수행 끝에 맑은 침묵으로 솟아오른 샘물을 나무의 중심축을 따라 홈을 파내어 만든 통나무 비구(飛溝)로 끌어와, 시주자의 정성 어린 마음이 모여 새겨진 돌로 만든 사각형의 물확(石井)에 댄다. 그리고 모양과 크기가 제각각인 둥근 물확 3개를 크기순으로 잇대어 조화롭게 연결하여, 마침내 한국을 대표하는 아름다운 전통 수경공간을 완성하였다.

잇대어 달은 네 개의 물확은 모양만 다른 것이 아니라 쓰임새도 달리 구분한다. 사각형 모양의 첫 번째 물확은 차를 달이는 물, 세 개의 둥근 물확 중에 가장 큰 두 번째는 쌀 씻는 물, 중간 크기의 세 번째 물확은 채소나 나물을 씻는 물, 마지막으로 비스듬히 방향을 틀어 멋

선암사의 물확

을 내어 달아 붙인 네 번째 물확은 허드렛물로 하여 사용을 구분한다. 아름다움은 물론 물의 맑기에 따른 기능적 쓰임을 구분하여 정갈함까지 더하니 마음마저 숙연해진다.

과연 선암사의 차는 얼마나 달고 향이 맑을까? 우리나라 다도를 정립한 다성(茶聖) 초의선사(草衣禪師 1786~1866)는 '물은 차의 몸이요, 차는 물의 정신'이라 하여 '차 맛은 물이 좌우한다'고 하였으니 번뇌와 미혹을 모두 떨군 선암사의 차 맛이 너무도 궁금해진다.

통나무를 길이 방향으로 깎아 물을 끌어오는 비구

대나무 가지를 까치발 모양으로 다리 삼아 받친 물관

다른 것은 다 **빼놓더라도** 이것만은 반드시 보고 오겠다고 아무리 마음을 단단히 먹고 방문하더라도, 선암사 물확은 일반 방문객들이 웬만해서는 찾아내기 힘들다. 이유는 이곳이 스님들이 생활하고 기거하는 요사(채) 공간이기 때문이다.

공간을 통제하는
또 다른 지혜

　승려들이 거처하는 승방 또는 승방과 부엌으로 구성된 주거 공간을 요사(寮舍)라 한다. 구분된 건물을 세는 단위인 채를 덧붙여 요사채라고도 하는데 수행·의식·축원 등의 종교적 용도로 사용되는 법당(法堂)과는 성격을 달리하는 일상적 생활공간이다. 승방과 요사의 구분은 뚜렷하지 않고 선방까지도 대중법요를 치르는 대중방 또는 중료(衆寮)로 활용되는 경우가 있어 요사의 개념 정립에 다소 혼란이 있다.

　요사는 출가한 일반 승려들이 거주하는 일반적인 요사(寮舍), 법당을 관리하고 제반 법요를 행하는 분수승(焚修僧)이 거처하는 노전(爐殿), 고승(高僧)이 거처하는 방장(方丈), 나이 들거나 혹은 아픈 승려들이 머무르는 정양소(靜養所)로 나뉜다. 또한, 운영 방법에 따라 각 승려에게 사찰 내의 각 방을 분배하여 거주하게 하는 별방제(別房制)와 사찰 구역 안에 별가를 세우고 완전히 일가(一家)를 이루어 생활하게 하는 별가제(別家制) 등 다양한 형태로 구성·운영되고 있다. 어쨌든 대부분의 요사는 외부인의 무단출입을 막기 위해 폐쇄적인 □자 형태의 평면으로 구성하거나 담장을 둘러 별도의 구분된 영역을 만들어 승려의 생활이 되도록 외부에 노출되지 않도록 하고 있다.

사찰에서 스님들이 거처하는 요사(채) 공간인 승방에서는 아무리 성직자라 해도 세수나 빨래, 용변 등 일반인들과 다를 바 없는 자질구레한 일상사가 이뤄진다. 그러한 생활이 일반 불자나 방문객에게 노출되면 성직자로서의 위신에 문제가 생기게 마련이고, 또한 호기심으로 가득 찬 방문객들의 간섭에 스님들의 사생활이 침해받을 수 있다. 따라서 사찰의 승방은 일반인들의 시선으로부터 비켜나 있도록 만들어야 했고 승방 내부의 출입을 관리·통제하기 위한 특별한 방법이 필요했다.

이런 요구를 반영한 절묘한 방법이 승방으로 이어지는 유일한 출입구를 부엌과 연결하여 부엌문을 통해서만 출입할 수 있도록 통제하는 것이었다. 출입 통로를 끊어놓거나 닫아버리는 물리적 형태의 강제력에 의한 차단이 아닌 열어놓은 채 자연스레 통제가 가능한 아주 효과적인 방법이다. 이것이 일반 방문객들이 스님들이 거처하는 요사 공간의 존재 여부조차 모르는 이유이다.

전통적으로 부엌이나 여성들의 일상과 관련된 내밀한 공간은 가장 안쪽에 배치하여 외부로부터 시선을 받는 것을 근본적으로 꺼렸다. 그러기에 부엌이라는 공간은 기웃대며 들여다본다거나 함부로 드나들 수 없다는 것을 어릴 적부터 교육받아 따로 언급할 필요조차 없는 기본적인 예의였다. 특히 남의 집 부엌 공간의 경우는 더할 나위 없이 접근해서는 안 되는 공간이었던 만큼 스님들의 사적인 생활과 관련된 공간을 지키기 위한 장치이자 완충공간으로서의 부엌의 역할은 그야말로 완벽한 방어막이었던 셈이다. 일반인들이 선암사 달마전 뒷마당에 설치된 아름다운 수경시설을 찾아내지 못하는 이유는 출입 공간을 연결하는 통로에 부엌을 설치해 막아 놓았기 때문이다.

선암사에서 공간을 통제하는 동선(부엌을 통해야만 들어설 수 있다)

충남 서산 개심사의 요사 공간을 막아선 무량수각의 활짝 열어젖혀 놓은 문으로 들여다보이는 부엌은 아무리 보아도 부엌의 역할을 하는 것으로 보이지 않는다. 부엌이라 하기에는 너무나 말끔하다. 해와 달을

충남 서산 상왕산 개심사의 무량수각에 문을 활짝 열어놓은 부엌

음식을 만든 흔적 없이 해와 달을 상징하는 두 개의 솥만 걸린 깔끔한 부엌 공간

상징하는 두 개의 솥이 걸린 아궁이 외에는 땔감을 비롯해 부엌에서 필요한 생활 도구라고는 아무것도 보이지 않는다. 즉, 부엌임을 가장한 절묘한 출입 통제 장치이자 완충공간이다.

땔감과 음식 조리를 위한 소품들이 보이는 전통적인 부엌의 모습

선암사 부엌 입구에 붙인 외인 출입 금지 경고문

요즈음 일반적인 건물이나 시설에서 외부인의 왕래나 접근을 통제하기 위해 걸어 놓은 '관계자 외 출입 금지'와 같은 경고 문구는 오히려 사람들에게 더 큰 호기심을 유발해서 관심이 없던 사람들조차도 뭔가 있을 것 같은 호기심에 자꾸 들여다보게 하고 들썩이게 한다. 물리적으로 차단하고 엄중한 경고문을 걸어놨지만, 그리 효과적인 방법 같아 보이지는 않는다. 물론 예나 지금이나 안하무인격으로 염치없이 무례하게 들이대는 사람들에게는 어떠한 지혜나 방법도 통할 리가 없을 테니 이리저리 고심을 해봐도 마땅한 해결책은 없다.

그런 안하무인격의 침범에 대비하는 방법으로 아주 지독하고 섬뜩한 경고문을 본 적이 있다. 십여 년 전 업무차 미국을 방문했다가 따로 시간을 내어 여행하던 중에 만났던 경고문이다. 사유지에 대한 경계와 개인에 대한 권리 보호가 투철한 그들은 누군가 허락 없이 자기 땅에 들어오는 것을 극단적으로 싫어한다. 그래서 자기 땅의 경계에 이렇게까지 경고문을 써 붙였다.

"들어오면 쏜다. 안 맞으면 또 쏜다.
죽을 때까지 쏜다."

유명 인터넷 쇼핑몰에서 판매되는 경고판 디자인

우리의 정서와는 전혀 맞지 않지만, 누구나 제약 없이 쉽게 총기를 휴대할 수 있는 나라이기에 가능한 일이다. 아무리 안하무인격으로 치고 들어

온다 해도 우리의 정서는 험악한 경고문이나 딱딱한 명령조의 '외부인 출입 금지'보다는 따뜻하고 정감 있는 양보를 부탁하는 편이 오히려 더 효과적인 듯하다.

충남 서산의 개심사에서는 협소한 본당 공간으로 인하여 쉽사리 노출된 스님들의 수행 공간을 지켜내기 위해 슬쩍 걸쳐놓은 단출한 나무 막대나 대나무 가로막대 하나가 튼튼한 강철 대문 보다, 오히려 더 훌륭히 제 역할을 해내고 있다.

충남 개심사의 수행 공간을 지키는 대나무 가로막대와 바닥에 떨어진 붉은 꽃을 보면서 우리 민족의 토속적 한과 정서를 한껏 담아 시를 썼던 김소월의 진달래꽃을 떠올리지 않을 수 없다. 누가 감히 저 꽃들을 무던하게 즈려밟고 들어설 수 있을 것인가?

충남 서산 상왕산 개심사의 수행 공간 입구를 지켜내는 나무막대

개심사의 출입 금지 표지와 대나무 가로막대

진달래꽃

김소월

나 보기가 역겨워
가실 때에는
말없이 고이 보내 드리우리다

영변에 약산
진달래꽃
아름 따다 가실 길에 뿌리우리다

가시는 걸음걸음
놓인 그 꽃을
사뿐히 즈려 밟고 가시옵소서

나 보기가 역겨워
가실 때에는
죽어도 아니 눈물 흘리우리다

개심사 범종각의 출입을 통제하는 안내판

　많은 사람이 드나들다 보면 일일이 다 통제하기가 그리 쉽지는 않다. 그럼에도 정감 어린 마음을 나눌 수 있는 멋진 안내 글귀라도 덧붙여 놓는다면, 사시사철 주야장천(晝夜長川)으로 찾아오는 수많은 사람들의 발걸음을 흔쾌히, 너무도 가볍게 돌릴 수 있지 않을까.

부족함은 채우고 넘침은 누른다, 비보(裨補)

선암사 대웅전 월대 위에서 앞마당을 내려다보면 동탑과 서탑이 좌, 우 양쪽에 쌍탑형으로 대칭적 균형을 맞추어 배치되어 있고, 좌측에는 '지혜의 칼을 닦는 곳'이란 뜻을 가진 요사 공간인 심검당(尋劒堂)이 있다. 불을 사용하는 공간이라 연기를 배출하기 위한 환기구를 설치하

선암사 심검당 해수(海水)문양 투각 환기구

고 '해(海)'와 '수(水)' 두 글자를 투각해 놓았다. 선암사의 잦은 화재 발생의 원인을 산강수약(山强水弱)한 조계산 선암사의 지세 때문이라고 해석해 화기가 강한 지형·지세와 관련된 기운을 누르기 위해 풍수적 염승(厭勝)의 의미로 설치한 것이다. 불을 많이 쓰는 공간에서 더욱더 조심하자는 의미이니 설령 풍수지리를 믿지 않는다고 할지라도 현대적 의미의 '불조심!' 포스터 또는 현수막에 해당하는 주의 환기 방법이니 나름의 효과는 있으리라 생각된다.

화재를 예방코자 비보(염승)의 의미로 설치된 경북 울진 불영사의 돌거북

경북 울진 천축산 불영사는 창건 당시 화산(火山)이 비쳐서 화재 발생의 우려가 있어 큰물의 상징인 바다의 용왕과 관련된 거북의 기운으로 화재를 예방하고자 풍수지리적 염승의 의미로 대웅전 석축 아랫단 좌우 양쪽에 돌거북을 깎아서 받쳐 놓았다. 아무래도 사찰의 주요 공간을 구성하는 목조건물의 특성상 화재에 대한 염려가 클 수밖에 없는 상황이 충분히 짐작된다.

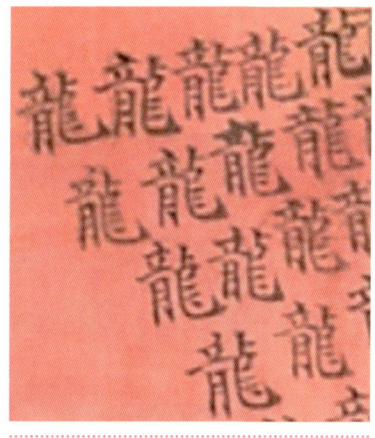

화재를 막는 부적 수자문지류(水字文紙類)
출처: 국립고궁박물관

이와 유사한 예는 사찰뿐이 아닌 우리 궁궐에서도 볼 수 있다. 2001년 경복궁 근정전 중수 공사 때 근정전 상층 종도리[4] 하단의 장여[5] 중앙부에서 근정전 상량문 (1867년) 중, 흥선대원군 관련 기록 등과 함께 화재를 막는 부적 수자문

---

4 집의 등뼈처럼 지붕의 중심을 잡고, 구조를 연결·지탱하는 가장 꼭대기에 놓인 긴 나무
5 기둥 위쪽에서 가로로 놓여 도리를 받쳐 지붕의 처마를 길게 펼치고, 지탱하는 가로대

지류(水字文紙類)'가 발견되었다. 붉은색 장지(壯紙)에 불이 나지 않기를 기원하며 '용(龍)' 자 1,000여 자로 '수(水)' 자를 메워 쓴 일종의 부적이다. 용은 임금의 권위를 상징하는 동물로 바다의 상징이자 물을 다스리는 능력이 있다고 여겼기 때문에 불이 나지 않기를 기원하며 상량문과 함께 넣었을 것으로 생각된다. 거북과 용은 수신(水神)의 상징이기도 하다.

양산 통도사에는 대광명전, 관음전 등 주요 전각의 평방 위 모서리에 염불화방지병(念不火防止瓶)이라는 소금을 담은 작은 단지를 올려놓았다. 매년 단오절에 용왕제를 지내고 소금단지에 담긴 묵은 소금은

화재를 예방하려 소금단지를 올려놓은 통도사 산영각

내리고 새로운 소금을 담아 다시 올려놓는데 바다의 기운으로 가람을 화재로부터 보호하겠다는 방편이다.

지금껏 확인한 것처럼 화재에 취약한 목조건축물에서는 직접적인 주의나 예방 활동뿐만 아니라, 글이나 다양한 상징물을 활용하여 화재의 위험을 경고하고 이를 막기 위해 노력했다.

사찰에 왜
토끼와 거북을 그려놨을까?

경북 안동 천등산 봉정사 영산암 응진전 토끼벽화

선암사 원통각 출입문 궁창과 안동 봉정사 영산암 응진전에는 절구질하는 두 마리 토끼 그림이 그려져 있다. 이곳뿐만 아니라 다른 많은 사찰에서도 토끼와 거북 문양을 볼 수 있다.

토끼는 불사약을 먹고 흉측한 두꺼비로 변해 달로 도망간 항아(姮娥,

달에 있다는 전설 속의 선녀)와 함께, 달의 상징이라는 사실을 고구려 고분벽화나 통일신라 섬토문(蟾兔文)의 막새기와를 통해 확인할 수 있다. 보름달의 둥근 원은 완전성을 상징하고 불교의 원만(圓滿), 원통(圓通), 원공(圓空) 등의 개념과 연결된다. 특히 사찰에서 달은 원통각에 모신 관음보살의 원융통(圓融通)을 상징하는데, 관음보살은 모든 곳에 두루 원만한 통찰을 지니고 중생의 고뇌를 소멸시켜 준다는 뜻에서 원통교주라고 불린다. 따라서 뜬금없는 나타난 절구질하는 토끼 장식은 알고 보면 전각의 주인인 관음보살과 연관된 상징적 의미를 담고 있다.

또 하나 눈여겨봐야 할 것은 연꽃과 학이 그려진 선암사 원통각 천장 우물반자이다. 우물반자 중심에 여덟 개의 판에는 연꽃을 그려놓고

선암사 원통각 천장 우물마루(우물반자)에 그려진 학, 거북, 물고기 문양

주변 판에는 학의 문양으로 둘러놓았는데 반자돌림 위에 물고기와 거북을 양각으로 조각해 놓았다. 거북이는 불을 제압하거나 장수를 상징하는 등 여러 의미가 있는 동물이지만 토끼와 거북이 함께 등장할 때는 상징하는 의미가 달라진다.

우리에게 너무도 친숙한 토끼와 거북이 이야기, 「별주부전」에서 거북이의 꼬임에 넘어간 토끼가 거북이에게 이끌려 가는 목적지는 바닷속 용궁(龍宮)이다. 용궁은 신령스러운 용왕이 거처하는 곳으로서 불교에서는 대해(大海) 밑에 있는 또 하나의 불국정토로 관념화되는 곳이어서 사찰 공간에 토끼와 거북이의 상징적 문양이 자주 등장하는 것으로 보인다. 그러므로 원통각 천장화에 양각된 거북이와 물고기는 용궁이자 불국정토를 의미하며, 연꽃과 학은 이상향에 대한 상징적 표현이라 할 수 있겠다.

오대산 사자암 적멸보궁에 그려진 용궁을 찾아가는 토끼와 거북

게와 자라 문양이 새겨진 주초석(해남 달마산 미황사 대웅전)

특히 자라나 거북이 토끼를 등에 태우고 용궁으로 가는 모습은 보살이 중생을 불국정토로 인도하는 장면을 표현한 것이다. 용궁은 수중 세계이니 법당 천장에 물고기, 게, 연꽃 등을 조각해 설치한 것은 물속에 사는 중생들이 부처님의 법문도 듣고 이를 통해 화재로부터 보호하려는 또 다른 소망을 함께 담아냈다고 볼 수 있다.

불교 경전에 전해지는 설화들을 집대성한 본생담(本生譚)에는 게와 관련된 이야기가 전해진다. 옛날에 보살은 바라문의 아들로 태어나 부모의 재산을 물려받아 논을 경작하며 살았고, 논에서 일할 때마다 연못에 사는 금빛 게와 우정을 나누었다. 어느 날, 수까마귀가 보살을 죽이기 위해 검은 뱀을 시켜 공격했으나, 금빛 게가 재빠르게 수까마귀와 뱀을 물리쳐 보살을 구했다. 그 후 보살과 금빛 게는 더욱 친밀한 관계를 이어갔다. 이 이야기에서 보살은 부처님이고, 금빛 게는 아난다였다.

거북 문양의 문 고정구(충남 예산 덕숭산 수덕사)

　부처님과 이러한 인연이 있는 수중생물이다 보니 법당 안에 그려 넣어 법당 안에 살면서 법문도 듣고 화재에 취약한 목조건물인 법당을 지키라고 의미를 부여했다. 게나 자라 등의 수중생물 그림과 문양은 문살, 건물의 기단부, 주춧돌 등 사찰 곳곳에 새겨놓아 어렵지 않게 만날 수 있다.

　오래된 사찰은 서두르지 않고 마음을 열어 차분히 다가서면 오랜 시간 담아 온 수많은 이야깃거리를 하나씩 풀어놔 준다.

석탑에 숨은 비밀

 전나무 숲길의 고요함 속에 자신을 맡기고 세상의 번잡한 마음을 내려놓은 채, 깊은 성찰의 느린 걸음으로 사천왕문을 지나면, 경건하고 엄숙해야 할 종교적 공간에서 지켜야 할 마땅한 예를 갖추도록 의도된

월정사 적광전과 구층석탑

문루가 기다린다. 좁고 어두운 문루를 통과하는 동안 시각은 자연스레 통제되고 그로 인해 마음가짐이 덩달아 숙연해진다.

곧이어 문루를 지나면 갑자기 밝아진 주변 환경과 상대적으로 넓고 시원하게 펼쳐진 공간에 자리 잡은 월정사 본당 적광전(寂光殿)을 만나게 된다. 이어 마당 한가운데 있는 화려한 팔각구층석탑이 부지불식간에 온 마음을 끌어당기며 방문자를 반겨준다.

탑(塔)은 탑파(塔婆)의 약칭으로, 인도의 봉헌탑인 스투파(범어 梵語 stūpa, 또는 팔리어 巴利語 thūpa)를 음역한 용어로 '보존하다', '저장하다', '기념하다'는 의미를 지닌다.

스투파의 기원은 베다 문화(Vedic culture, 기원전 1500년 ~ 500년)까지 거슬러 올라가며, 초기에는 제왕이나 성인의 유산을 기념하기 위한 상징물로 조성되었다. 부처의 열반 이후, 제자들이 기념물의 건립 방식을 묻자 부처는 스투파를 세우라고 권하였다. 그 후 석가모니가 열반하자, 그의 유골을 나누어 봉안하고 그 뜻을 기리기 위한 구조물인 스투파를 세웠고, 이후 불교에서는 아라한(Arhat, 阿羅漢)이나 깨달음을 이룬 성인을 기리는 상징물로 채택되었다.

초기 스투파는 유골을 중심에 두고, 그 위에 간(芉, 야스티Yasti)이라 불리는 생명의 기둥을 세운 뒤, 주변에 흙을 쌓아 무덤 형태로 만

티베트 사원의 스투파

네팔 카트만두에 소재한 부다나트 스투파

들었다. 이러한 구조는 유골의 부패와 소실을 방지하는 기능과 제자들이 깨달음을 얻은 스승(Guru, 또는 Buddha)과의 영적 유대를 지속할 수 있도록 하는 기념적 기능을 지닌 구조였다.

불교가 동아시아로 전파되면서 스투파는 사리를 봉안하는 다양한 형태의 '탑'으로 변형되었다. 일반적으로는 사찰의 중심 공간, 특히 대웅전 앞에 하나의 탑이 세워지거나, 불국사의 석가탑과 다보탑처럼 두 개의 탑이 균형을 이루어 배치된다.

불국토의 상징인 만다라

스투파는 불교의 교리를 설파하는 강학적 공간의 역할도 있고, 평면의 형태는 만다라와 같이 불국토를 상징하기도 한다. 그렇지만 스투파에서 유래한 탑은 그 규모가 작아 강학의 공간으로 활용하기에는 적합하지 않다. 대신, 이러한 탑은 아주 중요한 불구를 보관하거나, 법력이 높은 스님의 사리를 봉안하는 부도(浮屠, 승탑 또는 사리탑)의 역할을 한다. 결국 탑은 유골을 모시는 '묘(墓)'의 기능을 수행하는 것이다.

 묘에 가까운 석탑의 설치 의미를 생각한다면 단지 미적인 요소만을 고려하여 아무 곳에나 설치할 일은 아니다. 다시 말해 일부의 개인주택 정원 또는 전통 음식점과 같은 곳에서 공간을 치장하는 장식적 요소로 사용하는 것은 용도에 맞지 않고 좋은 활용법이 아니라는 얘기이다.

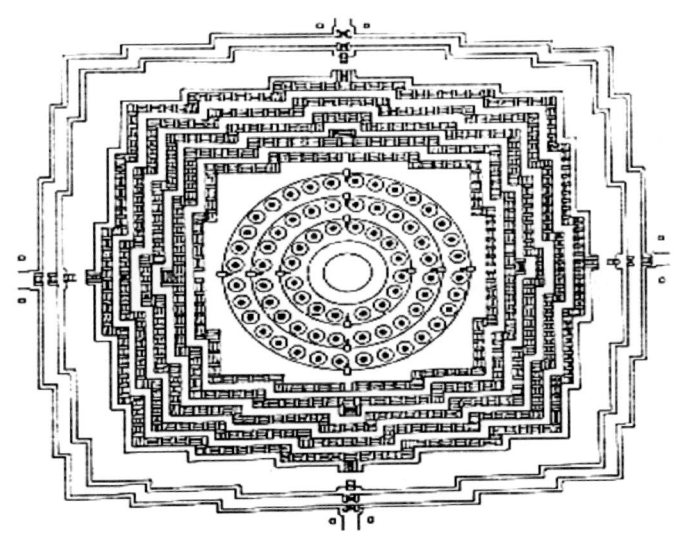

스투파의 평면도 (출처: 양병이 외(1992), 한국전통조경)

초기의 평지 사찰인 경우 문에 들어서자마자 가운데에 탑 하나가 존재하는 1탑식 배치였다. 이후 불교가 변화·발전하면서 탑보다는 전각과 법당의 중요성이 커졌다. 자연히 탑의 위치가 중심축 선상에서 벗어나 법당을 중심으로 하는 2탑식 구조의 사찰로 변모해 왔다. 특히 사찰의 입지가 산지형으로 변해가면서 탑의 종교적 의미가 더욱 감소해 탑이 사찰의 중심에 있기보다는 자유스럽게 배치되는 모습으로 변하였다.

우리나라의 탑은 인도에서 직접 전해진 것이 아닌 중국을 통해서 들어왔다. 중국에 불교가 전해져 탑이 건립될 때 인도와는 달리 기존의 건물을 사원으로 삼으면서 고루다층(高樓多層)의 목조탑이 건립되었고 평면은 원형이 아닌 사각형이 되었다. 이러한 형식의 목조탑은 북위(北魏)시대 석굴에서 벽화나 조각으로 빈번히 나타나고 있다. 우리나라에서도 이러한 형식에 영향을 받아 방형중층(方形中層)의 중국 목탑의 형식을 취하여 처음에는 주로 4각, 8각의 평면형에 나무나 벽돌로 만들었다.

우리나라 탑의 종류로는 목탑, 전탑, 석탑이 있는데 이는 시대적인 흐름의 순서이기도 하다. 현재 파악할 수 있는 탑의 구조는 주로 석탑으로 삼국시대와 통일신라시대를 정점으로 가장 발달한 모습을 보여주고 있다.

목탑의 경우 재료가 목재이므로 불에 타기 쉬워 수많은 전란에 병화(兵火)로 모두 타버린 탓에 사실상 고대에 만들어진 목탑의 실물은 없다. 그렇지만 신라시대 목탑이 있었던 흔적으로 경주 황룡사 9층 목탑

목탑 양식을 보여주는 속리산 법주사 팔상전

지와 사천왕사 목탑지, 망덕사 목탑지 등이 남아있다. 백제는 부여 군수리 사지의 목탑지와 금강사 목탑지, 고구려에서는 평양 청암리사지의 목탑지와 평안남도 대동군 상오리 사지의 목탑지 등이 남아있다. 그렇지만 조선시대 후기인 17세기 초반 건축물인 충청북도 보은군 속리산의 법주사 팔상전(국보 제55호)은 옛 목탑 양식을 현재까지 전해주고 있는 유일한 목탑 유적이다.

일본의 경우는 나라(奈良)를 중심으로 고대의 사찰에서 목탑들을 볼 수 있으며 특히 호류지(法隆寺)의 5층 목탑이 대표적이다. 근세에 이르러서도 목탑을 건립하였음을 전국 각지에서 볼 수 있다. 풍부한 목재를 사용하여 많은 목탑을 건조하였기 때문에 목탑의 나라라고 할 수 있으며, 그 결과 오늘날까지도 다수의 목탑이 현존하고 있다. 이에 비하여 우리는 석재를 선택하여 한국 탑파의 특색을 발휘하면서 '석탑의 나라'라고 할 수 있을 정도로 세계 어느 나라보다 석탑이 많다.

일본 요코하마 산케이엔(三溪園)의 도묘지(燈明寺) 목탑
1457년(室町時代 康政 3)

탑은 반드시 홀수 층으로 세운다?

탑은 홀수 층으로 세운 경우가 대부분이지만 모든 불탑이 홀수인 것은 아니다. 고려 공민왕(恭愍王) 때 노국공주(魯國公主)의 명에 따라 건립된 개성 개풍(開豊)군 경천사탑과 서울 탑골공원 내의 원각사탑은 10층이고, 산청 대원사탑은 8층으로 건립되었다. 탑의 층수가 홀수이어야 한다는 주장은 주역(周易)의 음양(陰陽)설을 근거로 한다. 홀수는 하늘의 수(天數, 陽數)이며 짝수는 땅의 수(地數, 陰數)라 하여 탑의 평면은 땅을 본떠 음수인 4각, 6각, 8각의 짝수로 구성하고, 이에 반하여 위

조계사 대웅전 앞 8각 10층 진신사리탑

로 올려 쌓는 층수는 하늘을 본떠 양수인 3층, 5층, 7층, 9층의 홀수로 이루어 천지와 음양의 조화를 한바탕에 내포하며, 단지 원만 수인 10층 탑만이 예외라는 논리와 설명이다.

그러나 중국 당나라 승려 도세(道世, 미상~683년)에 의해 편찬된 총 100권 100편으로 구성된 불교의 백과전서(百科全書) 격인 '법원주림(法苑珠林) 권37 경탑편(敬塔篇)'에 기록된 '아함경(阿含經)' 인용을 보면 이렇게 설명한다.

"아함경에 이르시되, 네 부류 성인(聖人)에 해당하여야만 탑을 세울 수 있는데 첫째는 여래(如來), 둘째는 벽지불(辟支佛), 셋째는 성문(聲聞), 넷째는 전륜왕(轉輪王)이다. (…중략…) 그리고 초과(初果)는 2노반(二露槃, 二層), 이과(二果)는 3노반(三露槃), 삼과(三果)는 4노반(四露槃, 四層), 사과(四果)는 5노반(五露槃), 연각(緣覺)은 6노반(六露槃, 六層), 보살(菩薩)은 7노반(七露槃), 여래(如來)는 8노반(八露槃, 八層)을 둔다. 8노반 이상이면 모두 불탑(佛塔)이다."

남해 보리암 3층 석탑

설명을 보면 불탑을 세울 수 있는 네 부류의 성인과 초과(初果)는 2층, 삼과(三果)는 4층, 연각(緣覺)은 6층, 여래(如來)는 8층을 둔다고 하는 짝수 층탑에 관한 규정이다.

결국 불교 교리에서는 탑의 층수를 짝수나 홀수로 정하거나 금지하는 규정이 없었으나, 주역의 음양 원리가 사회 전반에 큰 영향을 끼치면서 대부분 불탑이 이러한 원리에 따라 홀수 층으로 조성된 것으로 판단된다.

참고로 탑은 맨 아래층에서부터 기단부(지대석, 하대석, 상대석), 탑신부(옥신석, 옥개석), 마지막으로 가장 상단의 화려한 모양의 상륜부로 구성되었으며, 이중 탑신부를 구성하는 지붕의 숫자를 세어 층수를 확인한다.

문경 봉암사 삼층석탑

2장_ 지혜와 예술이 숨 쉬는 공간   149

동·서양이 다른 숫자의 상징성

주역에서는 숫자를 음양으로 구분하여 홀수는 하늘의 수(天數)이자 양수, 짝수는 땅의 수(地數)이자 음수라 하였다. 우리의 상고사를 기록한 것으로 전해오는 『환단고기 삼성기전 하편』에는 수에 대한 개념을 다음과 같이 설명한다.

"3과 7의 수, 3은 신교문화를 성립시킨 우주관으로 3을 본체로 삼고, 7수로 작용하는 삼신·칠성사상의 근원이다.

3은 만물의 변화를 일으켜 전체를 완성하는 데 필요한 최소한의 수로 모든 변화는 생(生), 장(長), 성(成)으로 이루어지며, 생각과 논리도 정·반·합으로 전개된다. 우주의 시간과 공간은 하늘·땅·인간의 삼계와 과거·현재·미래 삼세로 벌어져 있다. 3은 양(1)과 음(2)의 결합(1+2)으로 이루어져 '만물의 화생'을 상징한다. 그리하여 '진정한 수의 시작은 3부터'라고 할 수 있다. 3은 1과 2라는 상대와 대립을 넘어서 화해와 통합이 이루어진다는 조화론의 근간이며, 천·지·인, 즉, 하늘·땅·인간의 근원이라 할 수 있다.

　3과 7은 하늘의 완전수(3, 삼신)와 4라는 지상의 완전수(동·서·남·북, 봄·여름·가을 겨울)가 합쳐진 수로 옛사람들은 하늘과 지상이 합쳐지면 복이 온다고 믿고 7을 성스러운 수로 숭배했다. 삼신(3)은 생명을 낳은 하느님이고 칠성(7)은 기르는 하느님이다. 삼신, 칠성 사상은 9천 년 한민족사의 모든 왕조에서 국가경영제도의 근간이 되었고 한민족의 역사와 문화 전반의 기틀이 되었다."

　중국의 고전과 우리 민족의 상고사에 언급된 수(數)에 대한 개념은 '음양의 조화, 만물의 화생' 등 우주의 섭리와 관련된 철학적 상징성을 공통으로 내포해 왔다는 것을 확인할 수 있다.

　동양에서와 달리 서양에서의 수(數)에 대한 개념은 신뢰성(설득력) 또는 객관성(구체성) 등 우리와는 다소 다른 이미지를 형성하고 있는 것으로 보인다.

　이를 설명해 주는 극단적인 사례가 있다.

매카시즘(McCarthyism)은 1950~1954년 사이 미국에서 일어난 극단적이고 초보수적인 반공산주의 캠페인이다. 1950년 2월 "중국을 공산당에게 빼앗긴 것은 미국 내부의 공산주의자들 때문이다. 국무성 안에 205명의 공산주의자가 있다"는 미국 공화당 상원의원 J.R. 매카시(Joseph Raymond McCarthy, 1908~1957)의 발언이 발단되어 미국은 수년 동안 이에 대한 논란으로 들끓었다. 매카시는 국무부의 진보적 성향을 띤 100여 명에 대해 추방을 요구했으며 많은 지도층 인사들을 공산주의자로 몰아 공격하였다. 매카시 의원 발언의 여파는 예술계와 언론계에까지 미치면서 이들 가운데 수십 명이 공산주의자라는 멍에를 쓰고 블랙리스트에 올라 일자리를 잃는 등 심각한 인권침해 문제를 낳았다. 유력한 정치가나 지식인들도 매카시즘에 두려움을 느끼고 그에 반론을 제기하지 못하였다. 그러나 매카시가 말한 공산주의자가 누구인지는 전혀 밝혀내지 못했다.

205명이라는 수치가 중요한 논거로 제시되었지만, 실제로 그 수치의 진위나 객관성은 입증되지 않았다. 그런데도 매카시는 수(數)에 대한 사회적 신뢰성을 이용해 정치적 압박과 선동의 도구로 활용하였다.

영국의 경우이다. 영국 수상 벤저민 디즈레일리(Benjamin Disraeli)는 항상 통계수치를 인용하는 것으로 유명한 사람이었다. 국회의원들의 날카로운 질문에 준비한 메모지를 보면서 각종 통계수치를 인용하여 답변함으로써 의원들의 예봉을 잘 피해 나갔다. 그러던 어느 날 답변이 끝난 후 자리로 돌아가던 수상이 실수로 메모지를 떨어뜨렸고 호기심 많은 국회의원이 그것을 집어 들고는 깜짝 놀랐다. 수상이 열심히 들여다보고 참고했던 메모지에는 숫자 하나 적혀 있지 않은 백지였기 때문이다. 존재하지 않는 수치(백지)를 인용하여 거짓 답변을 하였지만, 수치가 지닌 사회적 권위와 신뢰성 덕분에 누구도 이를 반박하지 못했던 사례이다.

설명한 두 가지 예는 서양에서 갖는 숫자에 대한 신뢰성이나 객관성이 얼마나 견고한지 확인할 수 있는 극명한 사례이다.

우리가 어렸을 때부터 읽어왔던 너무나 유명한 소설 『어린왕자』의 한 단락이다.

"내가 당신에게 소행성 B612호에 관한 자세한 이야기를 해주고 정확한 번호를 콕 집어 알려주게 된 건 모두 어른들 때문이다. 어른들은 다들 숫자를 좋아하니까. 만약 당신이 어른에게 어떤 친구에 대해 말을 꺼내면, 어른들은 정말 중요한 것에 관해서는 전혀 물어볼 생각도 하지 않는다. 예를 들어 이런 것들은 아예 물어보지 않는다. '그 친구의 목소리는 어때?' '그 친구는 무슨 놀이를 좋아하니?' '그 친구는 혹시 나비를 수집하지는

않는다니?' 대신 이런 것들을 묻는다.

'걔는 몇 살이니?' '형제는 몇이나 있다니?' '몸무게는 몇이래?' '걔네 아버지는 연봉이 얼마라더냐?' 그런 질문에 대한 대답을 들은 후엔 마치 그 아이를 다 아는 것처럼 믿는 것이다. 만약 당신이 어른들에게 '장밋빛 벽돌로 지은 예쁜 집을 보았어요. 창문틀 위엔 제라늄 화분이 놓여 있었고, 지붕 위로는 비둘기들이 날고 있었어요.'라고 말한다면 어른들은 그 집을 상상하지 못한다. 대신 '십만 프랑짜리 집을 보았어요.'라고 어른들에게 말하면 모두들 '정말 멋진 집이겠구나!'라며 감탄할 것이다."

우리와는 약간은 다르지만, 혹시 '그 친구네는 몇 평짜리 아파트에 산다니?'라는 말로 자녀들의 친구를 평가해 본 적은 없었는지? 갑자기 머쓱해진다. 소설, 『어린왕자』는 읽을 때마다 그 나이에 맞는 다른 느낌의 공감을 주는 참으로 묘한 매력이 있는 책이다. 지금보다 조금 더 나이가 들면 그때는 또 다른 어떤 느낌의 공감을 찾아낼 수 있을까?

월정사 적광전에
석가모니불을?

　적광전에는 비로자나불을 모시는 것이 일반적이다. 비로자나는 범어 '바이로카나(Vairocana)'에서 유래한 말이다. '바이로카나'는 태양을 뜻하는 말로 부처의 지혜가 온 세상을 비추고 있음을 상징한다. 그래서 비로자나는 우주의 중심이고 진리 그 자체이기에 불교에서는 법(法)으로 표현하며 석가모니처럼 인간으로 태어나지 않기 때문에 형체도 없다.

　적광전을 대적광전, 또는 대광명전이라고도 하는데 월정사 적광전에는 석굴암의 불상 형태를 그대로 따른 석가모니불을 모시고 있다. 1964년 중창 당시에는 대웅전이라 하였으나 나중에 화엄경의 주불인 비로자나불을 모신다는 의미로 적광전으로 현판만 고쳐 달았다. 불전의 이름과 달리 비로자나 부처님이 아닌 석가모니불을 그대로 모시고 있는 이유이다.

문경 봉암사 대웅보전에 모신 석가모니와 협시불

일반적으로 사찰에서 본당 공간은 대웅전이 자리를 차지하고 대웅전에는 석가모니불을 중심으로 좌우에 협시불로 지혜를 상징하는 문수보살과 꾸준한 정진의 상징인 보현보살을 모시거나, 가섭존자와 아난존자를 모셔놓는다. 문수보살은 사자, 보현보살은 코끼리와 함께 표현하기도 한다. 이에 비해 과거불인 연등불(燃燈佛, 석가모니에게 부처가 될 것을 예언한 제화갈라보살), 현세의 석가모니, 그리고 미래불인 미륵불 등 과거, 현재, 미래의 삼세불을 모셔 놓을 경우 격을 높여 대웅보전이라 한다.

문수보살과 사자(왼쪽), 보현보살과 코끼리(오른쪽)

모시는 부처와 종파에 따라 달라지는 법당 명칭

　일반적으로 부처님이나 보살님을 모시고 의례를 행사하는 건물을 통칭하는 법당을 이전에는 금당(金堂)이라 부르기도 하였는데 중국과 일본에서는 현재까지 금당이라는 용어를 더 많이 사용하고 있다. 우리나라에서는 고려 초기까지 본존불을 모시는 사찰의 중심 건물을 가리켜 금당이라 하였는데, 그 이후 법당 안에 모시는 부처에 따라 각각 전각의 명칭을 달리 사용하고 있다.

　석가를 봉안하였을 경우 대웅전(大雄殿)이라 하며, 아미타불일 경우 미타전(彌陀殿) 또는 극락전(極樂殿), 석가의 일생을 기리고 그 행적을 표출시킨 곳은 영산전(靈山殿), 석가와 함께 제자를 모신 응진전(應眞殿) 또는 나한전(羅漢殿), 비로자나불을 모신 대적광전(大寂光殿), 약사여래를 모신 약사전(藥師殿), 미륵을 모신 용화전(龍華殿), 현재의 모든 부처를 모신 천불전(千佛殿) 등에서 이를 알 수 있다.

비로자나불이 아닌 석가모니불(월정사 적광전)

홍천 수타사 대적광전 비로자나불(검지를 다른 손으로 움켜쥐는 형상)

2장_ 지혜와 예술이 숨 쉬는 공간

보살을 모신 전각 중에서 관세음보살이 봉안된 원통전(圓通殿), 지장보살을 모신 명부전(冥府殿), 문수보살을 모신 문수전(文殊殿)과 보현보살을 모신 보현전(普賢殿) 등도 있다.

이 밖에 전통 민간신앙의 불교적 습합단계를 보여주는 전각 등도 있는데 이를 흔히 각(閣)이라 하며 산신을 모신 산신각(山神閣), 칠여래상을 모신 칠성각(七星閣), 나반존자를 모신 독성각(獨聖閣), 산신, 칠성, 나반존자(독성)를 함께 모신 삼성각(三聖閣) 등이 있다.

이 중에서 칠성각은 북두칠성만 모시는 곳이 아닌 불교적으로 윤색된 삼존불과 칠여래, 도교의 칠성신이 함께 모셔져 있는 경우가 다수이며, 특히 최남선 선생은 독성각에 모신 나반존자를 단군으로 해석하였는데 이는 불교 신앙에 우리 고유 신앙이 결합된 성인으로 보았기 때문이다.

천태종의 경우 금당을 대웅전으로, 화엄종의 경우는 대적광전으로, 법상종의 경우는 미륵전으로 부르며 정토계열은 극락전이라 하여 달리 부르는 이유는 불교 종파간 금당 안에 모시는 부처가 다르기 때문이다. 결국 월정사의 적광전에는 비로자나불을 모시거나, 현판을 대웅전으로 바꾸는 것이 맞다.

최고 지존을 모신 곳, 대웅전

전통적으로 건축물은 사용하는 사람들의 신분에 따른 계급이 있고 그에 따라 지어지는 이름을 달리했다. '전·당·합·각·재·헌·루·정(殿·堂·閤·閣·齋·軒·樓·亭)'으로 끝에 붙는 접미사가 건물의 신분이자, 위계질서를 나타내는 이름이다.

'전(殿)'은 건물의 위계 중 가장 높은 신분인 왕과 왕비, 그리고 왕의 어머니나 할머니가 쓰는 건물이다. 일상적인 기거 활동 공간인 경우보다는 의식행사나 혹은 일상 활동이라 하더라도 공적인 활동을 하는 건물인 경우가 대부분이다. 왕이 신하들을 맞아 나라의 일을 처리했던 근정전, 왕의 침전이자 사색의 공간인 강녕전, 왕비를 위한 공간 교태전 등 모두 '전'이라는 최고의 위계를 나타낸다. 왕을 높여 부르는 말인 전하(殿下) 역시 전을 사용하는 위계적 신분을 확인해주는 의미이다.

사찰의 건물 전각(殿閣)은 '전(殿)'과 '각(閣)'으로 구분할 수 있다. '전'

은 다시 '불전(佛殿)'과 '보살전(菩薩殿)'으로 나눌 수 있다.

불전은 가장 좁은 의미로 사찰의 중심 건물인 본전(本殿)을 가리킨다. 여기서 '전(殿)'이란, 원래 성인이나 제왕이 머무는 공간을 뜻하며, 사찰에서는 최고의 지존인 부처님을 모시는 곳을 의미한다. 따라서 대웅전(大雄殿), 적광전(寂光殿), 약사전(藥師殿) 등 부처를 주존으로 봉안한 전각들이 모두 불전에 해당한다. 이러한 불전은 모든 중생계가 응축된 공간으로, 그 중심에 모셔진 부처님의 불국토를 상징한다. 내부 구조는 상·중·하의 세 단으로 나뉘며, 공중에는 천상의 날짐승들을 조각해 매달아 놓았다. 또한, 화재를 막기 위한 상징으로 물을 주재하는 용이 조각되어 있으며, 천장은 천상세계의 장엄함을 표현하기 위해 화려한 단청으로 꾸민다.

한편, 보살전은 깨달음을 성취하고도 중생을 구제하기 위해 이 세상에 머무는 보살을 봉안한 전각을 말한다. 대표적으로는 관세음보살을 모신 관음전(또는 원통전, 극락전), 지장보살의 명부전(또는 지장전), 그리고 문수전과 보현전 등이 이에 해당하며, 이들 전각은 자비·실천·원력(願力)의 정신을 실현하는 신앙 공간이라 할 수 있다.

보살(菩薩)이란 산스크리트어 보리살타(Bodhisattva)의 음사어(音寫語)를 줄인 말로, '깨달음(보리, 菩提)을 구하는 마음을 가진 중생(살타, 薩埵)'이라는 뜻을 지닌다.

최근에는 '불전'이라는 용어가 더 넓은 의미로 사용되기도 한다. 즉, 부처를 모신 불전과 보살을 모신 보살전을 포괄하거나, 나아가 신앙과 예배의 대상이 되는 모든 전각을 통틀어 부르기도 한다. 일상적으로는 '법당(法堂)'이라는 명칭으로도 통용된다.

　유교의 공간인 성균관이나 향교에서는 추앙받는 공자의 위패를 모신 건물을 대성전(大成殿)이라 하였다. '전(殿)'은 그만큼 높은 최고 위계의 공간적 입지에 해당하는 것이다.

　'당(堂)'은 전에 비해서 한 단계 격이 낮은 건물로 일상적인 활동 공간으로 쓰였다. 사찰에서도 전보다는 격이 떨어지는 조사당(祖師堂)처럼 최고의 지존(부처)이 아닌, 또는 사람을 모신 건물에는 대체로 '당'을 붙였다.

　'합(閤)'이나 '각(閣)'은 전이나 당의 부속건물일 수도 있고 독립된 건물일 수도 있다. 대개는 전이나 당을 보위하는 기능을 발휘하며 자연히 지위는 물론 규모 면에서도 전이나 당보다 낮은 공간이다. 사찰에서는 '전(殿)' 다음으로 현인 급이 사는 건물을 '각(閣)'이라고 한다. 산신각, 칠성각, 독성각 등의 경우이다. 전이 불·보살이 사는 깨달음의 공간을 의미한다면, 각은 그보다 낮은 위계의 존재가 모셔진 곳이라고 할 수 있다.

　민간신앙에서 중요시되어 오던 것을 불교가 수용한 산신·칠성·용왕 등의 토속신을 모시는 건축물은 대체로 '각(閣)'이라 한다. '각'이라 이름 붙인 건물들은 불·보살을 모시는 것이 아닌 토속신앙과 융화된 칠성신, 산신 등을 주로 모신다. 불·보살전과는 건물의 규모부터 달라 나타나는 장엄 또한 차이가 있다.

'재(齋)'는 숙식 등 일상적인 주거용이나 혹은 조용하게 독서나 사색하는 용도로 쓰는 건물이며, '헌(軒)'은 대청마루나, 대청마루가 발달되어 있는 집을 가리키는 경우가 많고, 용도에서도 일상적 주거용보다는 상대적으로 공무적 기능을 가진 경우가 많다. 재나 헌은 사용 용도의 측면에서 볼 때 사찰에서는 흔히 사용하지 않는다.

'루(樓)'는 바닥이 지면에서 사람 한 길 높이 정도의 마루로 되어 있는 집이다. 주요 건물의 일부로서 마루방 형태로 되어 있거나 큰 정자 형태를 띠기도 한다. 또 간혹 이층으로 된 건물일 경우 일층과 이층의 이름을 따로 지어 붙이는데 일층에는 '각(閣)', 이층에는 '루(樓)'가 붙는다. '고루거각(高樓巨閣)'과 같이 누와 각은 따라다니는 것이다. 대개 루(樓)는 공적인 기능을 담당한다. 사찰에서 '루'는 독경이나 명상의 공간 또는 법문을 전하는 공간으로 사용한다.

'정(亭)'은 흔히 '정자(亭子)'라고 하는 것으로, 경관이 좋은 곳에 짓고 휴식이나 연회를 위한 공간으로 사용하는 작은 건물이다. 주로 개인적인 용도로 짓고 사용한다. '재'나 '헌'의 경우와 같이 건물의 용도적 측면에서 볼 때 사찰에서 '정'을 짓고 사용하는 사례는 많지 않다.

'전·당·합·각·재·헌·루·정(殿·堂·閤·閣·齋·軒·樓·亭)'은 엄격한 것은 아니지만, 대체로 규모나 품격에 따라 정해진 순서이며, 공식 행사를 치르는 공적인 공간에서 일상 주거용, 휴식 공간으로 이어지는 순이다.

3장 모두를 포용하는 넓이 넓은 공간

배려와 포용력의 상징, 삼성각

지금껏 사찰에 숨은 이야기들을 만난 것만으로도 먼 길을 떠나 이곳까지 찾아온 여행의 가치를 충분히 얻었다고 할 수 있다. 그렇지만 조금만 더 마음에 여유를 갖고 둘러본다면 월정사와 불교 가람이 품고 있는 특별함을 한층 더 깊이 느껴볼 수 있다.

일반적인 사찰에서는 대웅전이 중심 공간이자 가장 높은 위계를 지닌 법당이지만, 월정사에서는 그 역할을 적광전이 대신하고 있다. 그런데 적광전의 뒤편으로 돌아가 보면, 한 단 더 높은, 안쪽 공간에 불교와 직접 관련이 없는 공간인 삼성각이 자리하고 있다.

삼성각은 토속신앙의 산신령인 산신, 수명과 장수를 관장하는 칠성신, 그리고 홀로 깨우침을 얻어 복을 준다는 독성 또는 단군 등을 모시는 곳이다. 이처럼 불교 외적인 존재들이 불교 사찰 내에서 공존하고 있다는 사실은, 우리의 전통 토속신앙과 신선사상이 사찰 공간 속에 자연스럽게 융합되었음을 보여준다. 사찰은 불교적 질서 속에 토착신앙까지

월정사에서 가장 안쪽, 적광전보다 높은 단에 설치된 삼성각

아우르는 포용적이고 유연한 성격을 지니고 있음을 알 수 있다.

　전통 공간의 구성을 보면 공간의 수평적, 수직적 위치를 통해 건물의 중요성을 구분 짓는 명확한 위계질서가 있다. 수평적 위계로는 안쪽, 수직적 위계로는 단이 더 높은 곳을 공간 배치상 상대적으로 높은 위계 공간으로 설정하는, 상징적이지만 엄격한 의미의 예법이다.
　이러한 전통 공간 구성의 위계로 판단할 때 사찰의 가장 중요하고 중심이 되는 공간인 대웅전, 월정사에서는 적광전보다 더 안쪽, 그리고 한 단 더 높은 곳에 삼성각이 배치된 건 그 의미가 깊다. 아주 오랫동안 우리 민족의 삶을 통해 이어온 토착 신앙을 배척하지 않고 오히려 격을 높여 배려해 주는 큰마음이 읽히기 때문이다. 물론 건물의 위계에 따라 붙이는 접미사를 '전'보다는 격이 낮은 '당' 또는 '각'으로 낮췄지만 대체로 모든 사찰의 공간 구성에서 산신각 또는 삼성각의 위치는 대웅전보다 안쪽에, 그리고 더 높은 단 위에 설치한다. 결코 가벼이 여길 수 없는 배치이다.

월정사 삼성각 외벽화 (토끼와 호랑이)

계룡산 갑사 삼성각 외벽화(호랑이)

월정사 삼성각 외벽에는 '옛날, 옛날 아주 먼 옛날, 호랑이가 담배 피우던 시절에…' 하며 이야기를 풀어가던 할아버지의 구수한 입담을 떠올리게 만드는 그림이 있다. 무섭기도 했지만 때로는 인간미 넘치는 해학을 전해주었던 친근한 모습의 호랑이가 장죽의 담뱃대를 물고서, 예의 바른 모습의 토끼가 쪼그려 앉아 다소곳이 두 손 모아 담뱃불을 붙여주기를 아주 흐뭇한 표정으로 기다리는 정감 있는 벽화이다. 조급함 없이 차분히 둘러볼 줄 아는 노련한 여행자를 위한 덤이다.

삼성각이나 산신각 등에 그려진 호랑이 그림들은 사나운 맹수로서의 존재가 아닌 대개 의인화하여 해학적이거나 산신의 사자나 화신격 또는 산신령으로 신격화되어 친밀감 있지만 신령스러운 표현들이 주류를 이룬다. 그만큼 우리 민족의 문화 속에 오랫동안 정감 있게 녹아들었다는 의미이다.

봉정사 영산암 응진전 외벽에 그려진 호랑이는 조선시대 민화에서 자주 등장하는 '작호도(鵲虎圖)' 속의 친근하고 장난스러운 표정을 지닌 '까치호랑이'처럼 묘사되었다. 작호도에서 호랑이는 불길한 기운이나 재앙을 막는 '액막이'의 상징이다. 액막이는 재앙이나 불운을 피하고자 행하는 의식이나 상징적 행위로, 옛사람들은 생활 속에서 닥칠 수 있는 다양한 재앙을 막기 위해 특정한 동물이나 사물을 사용했다. 그중 호랑이는 강력한 힘과 용맹함을 지닌 동물로, 악한 기운을 물리치는 길상의 상징으로 여겨졌다. 작호도에서도 호랑이는 이러한 역할을 하며, 사람들은 그를 통해 악을 쫓고 복을 불러오는 수호신적인 존재로 인식했다. 또한, 까치는 좋은 소식을 가져다주는 길상의 상징으로, 호랑이와 함께 조화롭게 재앙을 막고 복을 가져다주는 이미지를 형성하였다.

경북 안동 천등산 봉정사 영산암 응진전 외벽화(호랑이)

벽화 속에 나타난 신선 세계와 도교적 상징

대체로 삼성각 또는 산신각 내부에 그려진 산신도에는 사찰의 공간적 구성에 상응하는 불교적인 상징보다는 소나무·괴석·폭포·불로초 등이 있는 깊은 산과 골짜기를 표현하여 신선의 세계를 연상시킨다. 여기에 길고 흰 수염의 산신과 차를 달이거나 복숭아·유자·석류·모란꽃과 같이 장수·부귀·다산을 상징하는 길상의 의미를 지닌 공양물을 들고 있는 시자(侍者)들이 함께 등장하기도 한다. 산신은 주로 붉은색

월정사 삼성각 탱화

옷을 입었지만, 머리는 민머리이거나 상투를 틀고 다양한 형태의 관모를 쓰고 있기도 하다. 상징물로 표현되는 깃털부채, 파초선, 불로초 등은 산신의 성격을 드러낸다.

계룡산 갑사 삼성각 탱화

그림에서 보듯 계룡산 갑사의 삼성각 산신 탱화에는 사찰의 공간적 구성에 상응하는 불교적인 상징보다, 차를 마시기 위해 불을 피우는 연구(煙具)와 다구(茶具), 차 시중드는 다동(茶童) 등이 두드러진다. 배경에는 적송(赤松)과 선녀 모습의 시자(侍者) 같은 요소들이 등장하는데, 이는 이 공간이 신선의 세계를 배경으로 한 이상향임을 암시한다. 차를 마시는 것은 몸을 맑게 하는 수련의 의미 외에 장생불사의 효험이 있는 선약(仙藥)을 달여 마시고 신선이 되고자 하는 상징적 행위였다.

선동전약(仙童煎藥 이인문, 1745~1824)
출처: 한국민족미술연구소, 2006(간송미술관)

'선동전약(仙童煎藥)'은 신선이 되는 방법으로서의 선약을 만드는 모습을 확인할 수 있는 그림이다.

그림 속에서 더벅머리의 복스러운 미소년이 화로에 쪼그려 앉아서 부채로 숯불을 일궈내고, 다로 위에는 약관(藥罐)이 얹혀 있다. 약을 달이는 소년 곁에는 신선이 되는 방법이나 도교적 수련을 위한 내용을 담고 있는 선경(仙經)이라 생각되는 한 묶음의 두루마리 뭉치가 놓여 있다. 그 곁에는 두 뿔이 장대하게 솟아난 수사슴 한 마리가 무릎 꿇고 앉아서 약 달이는 장면을 무심히 바라보고 있다. 사슴과 소년의 밀착된 공간적 거리에서 느껴지는 서로 간의 신뢰와 정감은 현실 세계에서는 볼 수 없는 친근감과 다정함이 묻어난다.

3장_ 모두를 포용하는 품이 넓은 공간   173

사슴이 장수, 길한 징조, 인간의 손길이 미치기 어려운 선계를 상징하는 만큼, 이 그림에서의 소년은 이미 신선 세계를 배경으로 하고 있음을 표출한 것이다. 또한 적송(赤松)의 큰 둥치 아래 지표 위에는 장생불사의 영지(靈芝)가 돋아나 있어 역시 신선 세계임을 알 수 있다. 그림 속 좌측에 제시된 제사(題辭)는 "너와 사슴이 다 함께 잠들면, 약 달이는 불길이 시간을 넘기리라(汝與鹿俱眠 舚藥之火候過時)"는 뜻으로 역시 그림 속의 다구(茶具)가 선약을 달이는 도구이며 신선의 세계를 표현한 것임을 명확하게 해준다.

현존하는 가장 오래된 목조건물인 봉정사 극락전 벽화를 연구한 김사덕 등(1999)은 두 갈래로 묶은 쌍계(雙髻) 머리의 동자가 복숭아를 들고 뒤를 돌아보는 모습의 그림 '천의동자(天衣童子)' 벽화에 대한 설명에서 조선 후기 신선도에 나타나는 인물 중에서 동방삭(東方朔)과 남채화(藍彩和)의 혼합된 모습으로도 볼 수 있다고 하였다. 선도(仙桃)를 받쳐 든 것은 동방삭이고 쌍계 머리의 동자는 남채화로 추정하지만 확실치는 않다. 그렇지만 이 천의동자는 두 손에 각각 선도를 받쳐 들고 뒤를 돌아다보며 천의 자락은 바람에 휘날리는 모습으로 요대를 묶었고, 의습은 흰색의 내의와 붉은색 겉옷의 채색이 서로 조화를 이루고 있는 모습이어서 명확한 신선 세계에 대한 도상이 오래전부터 사찰 벽화에 그려져 왔음을 알 수 있다.

또 다른 벽화에서는 네 명의 신선 중 두 명이 바둑을 두고 있고, 한 명은 기암괴석 위에 편안하게 누워 있으며, 나머지 한 명은 바둑

봉정사 극락전 복숭아를 든 천의동자 벽화(출처: 김사덕 등, 1999)

봉정사 극락전 상산사호 벽화(출처: 김사덕 등, 1999)

을 두는 신선과 등을 맞댄 채 기대어 앉아있다. 바둑을 두지 않고 있는 두 신선은 가슴과 불룩한 배를 드러낸 채 여유롭고 편안한 자세로, 온화하고 너그러운 표정을 짓고 있는 상산사호위기도(商山四皓圍碁圖)이다.

상산사호(商山四皓)는 중국 진(秦)나라 말기에 세상과 인연을 끊고 섬서성(陝西省) 상산(商山)에서 은거하였던 덕망 있는 네 명의 눈썹이 흰 신선들로 동원공(東園公)·기리계(綺里季)·하황공(夏黃公)·녹리선생(甪里先生) 등을 말한다. 이 신선들은 바둑을 두거나 여유로운 모습을 묘사하는 예술작품에서도 자주 등장하며, 평화롭고 고요한 신선의 세계를 상징한다. 두 그림 모두 신선 세계를 상징적으로 표현한 것이다.

오대산 월정사와 계룡산 갑사의 삼성각 탱화에서 보이는 배경은 그림 선동전약에서 표현하려 했던 전형적인 신선의 세계와 너무도 닮은 풍광으로 삼성각 공간을 설명하기 위한 우연이 아닌 명확하게 의도된 구성임을 확인할 수 있다. 이에 더해 현존하는 가장 오래된 목조건축물인 봉정사 극락전 벽화에서 확인된 복숭아를 든 천의동자와 상산사호위기도에서는 불교 외적 측면인 도교적인 요소와 민화적인 부분들이 조선 후기 이후 혼합되어 나타나고 있음을 보여준다. 이러한 영향으로 지금도 많은 사찰에서 신선들이 바둑을 두고 있는 모습을 묘사한 벽화들을 만날 수 있다.

삼성각, 산신각은 사찰 공간에 모셔진 타 종교에 대한 배려심과 토속신앙에 대한 종교적 포용력의 품이 더없이 넓고 깊게 느껴지는 멋진 곳이다. 배척하기보다는 녹여내어 끌어안는 포용력은 토속신앙과 불교의 종교적 구분에 경계가 없도록 만들어 오히려 이제는 많은 사람들이 우리의 전통 신앙을 불교와 같은 범주로 생각하게 만들었다.

배척하고 갈라놓으면 모리배(謀利輩), 싸움꾼이 될 뿐이고 품을 넓혀 배려하고 끌어안으면 진정한 주인이 되는 것이다. 종교적 공간이 그려내는 요즘 세태에 대한 날카로운 경고가 아닐까 생각한다.

경북 안동 천등산 봉정사 영산암에 그려진 위기선인도(圍碁仙人圖)

전각 벽화에 그려진 성과 속, 그리고 시대상

앞에서 살펴봤듯이 종교적 의미를 담은 사찰의 일주문은 들어서는 순간 그곳은 성스러운 공간이 된다. 즉 일주문을 경계로 안쪽과 바깥쪽 공간이 성역과 속세로 구분된다는 상징적 의미이다.

사찰안에 독립된 전각에서도 마찬가지로 법당의 안과 밖을 경계로 성과 속으로 대비되는 상징적 의미를 읽을 수 있다. 전각에 그려진 벽화에 이러한 성과 속의 대비 관념을 표현한 것이다. 사찰 전각에 그려진 벽화를 전각 내부에 그려지는 벽화와 외벽에 그려지는 벽화로 나누어 살펴보면 각각의 주제와 표현 방식, 기능에서 차이가 있다.

대체로 전각의 내부에 그리는 벽화는 예배 목적의 주불을 상징하는 불보살과 관련되는 영산회상도나 아미타내영도 또는 지장보살 감로탱화 등 불교적 교리에 따라 표현되는 종교화인 변상도(變相圖) 등의 후불탱화다. 이러한 불화는 그림을 그린 화가도 전문 화원이거나 화승일 경우가 대부분이고, 그림의 재료도 비단이나 고급 안료의 물감을 사용하여 정교하고 치밀하게 그린다. 성역에 해당하는 공간에 대한 예우와 예배 목적의 종교적 의미를 반영한 것이다. 이를 통해 종교적 신성성과 불교 교리를 강조하며 신앙의 깊이를 더하는 역할을 하도록 한다.

반면에 전각의 외벽이나 창방 같은 곳에는 장식적인 의미나 교화 목적의 운룡 화조산수도나 금강 또는 인왕 신장도, 도교와 불교가 습합되어 나타난 도석(道釋) 고사 인물을 그린 설화도를 그려 넣는다. 외벽 그림은 그 기법도 민화를 그리던 화공이나 비전문가에 의해서 그려지므로 탱화보다 훨씬 수준이 낮음을 확인할 수 있다. 민속적이고 서민 친화적인 소재를 통해 대중과의 공감대를 형성하고, 불교 교리를 대중적으로 전달하는 교화와 포교를 목적으로 하는 것이다.

따라서 외벽 벽화는 불교적인 주제에만 국한되지 않고 민속 설화와 고사 인물, 민간에 널리 알려진 소설적 이야기를 포함한다. 적송자와 동방삭 같은 도교적 인물, 이태백, 한퇴지, 한산습득 등의 문인 기행담이 자주 등장하며, 이러한 고사 인물도는 서민들이 쉽게 공감할 수 있는 주제로 그려졌다. 또한, 별주부전의 자라와 토끼 이야기, 효자와 열녀 이야기, 불교 본생담과 관련된 귀토설화 등 판소리와 소설에서 다뤄지는 주제와 서민적 주제를 그려 대중들에게 불교 교리를 쉽게 이해시키고, 대중과의 공감대를 형성하여 민속신앙과 불교를 연결하는 매개체로 활용하였다. 이러한 그림은 파도, 바위, 나무 등을 민화적 양식으로 표현하여 서민들에게 익숙하고 친근한 이미지를 전달하기도 한다.

조선 후기에는 민화적 표현 기법이 사찰 외벽에 그려진 설화도에 강하게 반영되었다. 사찰 전각의 외벽에 나타난 민화풍 까치호랑이 그림이나 운룡도 등은 민속적 요소가 불교 그림에 미친 영향을 보여주는 사례이다. 이러한 그림은 서민적이고 친근한 민속적 표현을 통해 대중과의 공감대를 형성하고 불교사상의 전달력을 높이려는 의도를 담고 있다.

설화도가 많이 그려진 조선 후기는 서민들의 욕구와 감성을 담은 풍속화가 유행하던 시기이다. 사찰의 외벽 벽화는 당시의 문화적 흐름과 시대상을 반영하며, 민화적 요소와 불교적 주제가 융합된 독특한 예술 양식을 보여주고 있다.

봉정사 영산암 응진전에 그려진 까치호랑이는 민화적 표현을 반영하였고, 봄날 늘어진 버드나무 가지 아래 여울에서 한가로운 낚시 장면을 담은 벽화인 춘탄만조(春灘晚釣)는 고사도의 분위기를 차용하면서도 가벼운 터치와 풍속화적인 느낌으로 친근감 있게 표현하였다.

이러한 그림은 사찰이 단순히 종교적 기능에 머무르지 않고, 자연과 인간, 속세와 초월적 경지를 이어주는 매개체로서의 역할을 하고 있음을 보여준다. 이는 조선 후기 불교 미술이 대중화와 교화의 의도를 가

봄날 저녁의 낚시 풍경을 그린 봉정사 영산암 응진전의 춘탄만조(春灘晚釣)

지고 사상적 공감대를 형성하려 했음을 보여주는 의미 있는 사례이다. 민화풍의 기법은 고사 일사도에 자주 사용되었다.

사실 이러한 벽화가 집중적으로 제작된 시기는 조선 후기이다. 당시 사찰의 외벽에 민화적 표현이 채택된 배경은 불교가 처한 사회적 입지와 밀접한 관련이 있으며 이를 통하여 시대적 상황을 읽을 수 있다. 조선 후기 불교는 억불 정책과 사회적 변화를 겪으며 대중에게 조금 더 가까이 다가가려는 노력이 필요했다.

그만큼 당시 불교가 종교적 영향력을 상실해 존립의 위기에 처했고, 사회적으로는 제도권에서 배제되어 고립된 현실을 보여준다. 이러한 상황에서 불교는 민화적 기법을 통해 불교 교리와 민속신앙을 연결하고, 서민들에게 친근하고 이해하기 쉬운 방식으로 사상을 전달하려 했다. 이는 당시 서민들의 감성과 욕구를 반영한 표현 방식이기도 했다. 전각 외벽의 벽화는 민화풍의 표현 기법을 통해 대중과의 친밀성을 강화하고, 불교가 서민의 삶 속에 더욱 깊이 스며들도록 돕는 역할을 하였다.

봉정사 영산암 응진전에 그려진 해학과 친근감이 있는 외벽화

17세기와 18세기 불교 사찰에서는 세속의 산신, 칠성, 용왕을 받아들이고 명부전을 설치하여 49재를 봉행하였다. 민간신앙이 불교 공간에 들어오기 시작한 것이다. 그러나 불사는 일정한 법식을 가지고 진행되었으며, 법당의 내외벽이나 대들보 기둥에 그려진 벽화는 불교와 관계가 있는 불화로만 구성되었다. 이는 당우를 짓거나 불화를 그리거나 불상을 조성하는 불사들이 대대로 이어지는 스님들에 의해 계승되

었기 때문이다. 따라서 당시 민간에서 크게 유행하던 그림들은 절집에 영향을 미치지 못하였다.

19세기에 접어들면서 세도정치로 인해 서민들의 생계가 어려워지고 국운도 기울기 시작하였다. 이에 고단함을 이겨나가고자 하는 서민들의 바람이 커지고, 서민에 의지하던 불교계는 이를 수용하여 민화를 사찰 벽화로 도입하였다. 민화는 중생의 소원을 상징하는 그림이 많아 사찰 벽에 민화를 그림으로써 서민들에게 친근감을 주었고, 이는 사찰 경제에도 도움이 되었다. 현재 사찰에서 볼 수 있는 민화들은 대부분 19세기 후반에서 20세기 초에 그려진 것들이다.

이러한 사찰 벽화들은 그 위치와 형식에 따라 기능과 메시지가 구분되며, 사찰 건축에서 안과 밖이라는 공간적 구조를 반영하고 있다. 이를 통해 우리는 전각에 그려진 그림을 단순한 장식이 아니라, 성과 속이라는 대비적 개념이 시각적으로 구현된 장치로 이해할 수 있다. 전각 내부 벽화는 불교 교리를 시각적으로 풀어내며 신앙심을 고양하고 종교적 메시지를 강화하는 데 중점을 둔다. 반면, 전각 외벽 벽화는 서민들에게 친숙한 민속적 소재와 민화풍 표현 기법을 통해 대중과의 소통을 시도하며, 불교의 포교와 윤리적 교훈 전달을 목적으로 한다. 두 벽화는 각각의 위치와 목적에 따라 사찰의 종교적, 문화적 가치를 증대시키는 중요한 역할을 하고 있다.

전각 안의 불화는 영원한 진리의 본체를 그리는 데 초점을 맞추고, 외벽에 그려진 설화도는 한시적 삶의 세속적 생활 모습을 담아낸다. 이 두 벽화는 서로 대비되면서도 조화를 이루는 배치를 이룬다. 이러한 대비와 조화는 성과 속을 대비시키면서 융합의 세계를 지향하는 상징으로 읽을 수 있다.

전각에 그려진 그림을 비교해 보면서 건물의 안과 밖이라는 공간적 구분을 통해 성과 속을 대비시키고 동시에 서로 융화시키는 의미를 읽어내고, 종교와 사회가 서로 영향을 주고받으며 융합되는 시대상을 확인해 보는 것, 전통적 종교 공간인 사찰에서 누릴 수 있는 재미이다.

사찰의
꽃창살과 의미

사찰에서 문은 단순한 출입구를 넘어 부처님의 세계로 들어가는 상징적 경계로서, 성역과 세속을 구분하는 역할을 수행한다. 따라서 전각의 문에 정교한 창살을 빚어 꽃무늬를 새겨 넣는 것은 깨달음의 세계인 화엄의 세계를 시각적으로 드러내려는 의도가 담겨 있다.

영산(靈山)에서 석가모니가 이심전심(以心傳心)으로 제자들에게 깨달음을 전한 염화시중(拈華示衆)에서 연꽃이 깨달음의 상징으로 사용된 사례는 이를 뒷받침한다. 이러한 꽃의 상징성은 불교의 대표적 경전인 법화경과 화엄종의 명칭에 꽃이 포함되어 있다는 점에서도 확인된다. 나아가 이는 사찰의 문에 새겨진 꽃 창살이 부처님의 깨달음 세계를 공간적으로 형상화함과 동시에 인간이 염원하는 내세와 영원불멸의 세계를 상징적으로 구현하고자 하는 의미로도 해석할 수 있다.

또한 불교에서 향화공양(香花供養)을 통해 부처님께 꽃을 바치는 전통과도 연결된다. 꽃을 공양하는 공덕을 짧은 순간에서 끝내지 않으려 생화 대신 종이꽃(紙花)을 사용해 공양의 상징성을 연장하듯, 나무 문살에 꽃을 새겨 넣음으로써 공덕의 의미를 더 오래 지속시키려는 것이다.

이처럼 상징적이고 의장적 요소로 꽃이 문과 결합하여 나타나는 것이 꽃살문이다. 꽃살문은 살의 짜임 방식에 따라 솟을꽃살문, 격자꽃살문, 빗꽃살문으로 나뉘며, 교차부 장식 여부에 따라 정자살문이나 띠살문 등의 민살문, 잎사귀나 금강저 형태의 문살장식문 등으로 분류할 수 있다.

내소사 대웅보전

내소사 대웅보전 꽃살문 무늬

꽃살 창호에 주로 사용되는 문양으로는 연꽃, 국화, 모란 등이 있으며, 때로는 꽃 문양이나 금강저 형태를 반복 배치하여 아름다운 형상을 구성하기도 한다. 창살에 새겨진 문양은 불교 교리와 연결지어 극락 세계의 신성성, 초탈, 정화, 부귀, 화목, 풍요, 영광 등의 길상적 의미를 내포한다. 이를 위해 고상함, 품위, 장수, 절개의 상징인 연꽃, 모란꽃, 국화와 매화 등을 입체적으로 조각하여 넣는다.

꽃창살로 유명한 사찰 중 전북 부안의 내소사 대웅보전의 꽃살문은 오랜 세월로 인해 채색이 모두 지워졌음에도 전통적 창살의 아름다움을 담고 있다.

포용하여 수용하는 지혜, 산왕지위

전남 선암사의 산신각 뒤쪽 공간에는 마을을 지켜주는 산신을 모셔 놓은 '산왕지위(山王之位)' 석비 위패(位牌)가 있다. 위패는 목주(木主)·영위(靈位)·위판(位版)이라고도 하며, 죽은 사람의 이름과 죽은 날짜를 적은 나무패이다. 이는 눈에 보이지 않는, 죽은 사람의 혼을 대신하는 신체(神體)로서 중요한 제의 도구로 여겨진다.

마을을 지켜주는 동신(洞神)의 신위를 모셔놓은 곳인 위패는 신의 성격이 나타나며, 신체(神體)이자 중요 제의 도구이다. 산신을 모신 경우에는 '산신지위(山神之位)' 또는 '산왕지위(山王之位)', 성황신을 모신 경우에는 '성황지신(城隍之神)', 토지신을 모신 경우에는 '토지지신(土地之神)' 왕이나 장군 등의 인물 신을 모신 경우에는 '○○○(왕)지위(또는 신위)' 등 마을 신에 따라 각각 다른 문구가 쓰인다.

산신지위(山神之位)의 신앙 대상인 산신은 산왕(山王), 산령(山靈), 산군(山君)이라고도 하며, 자식을 점지해 주고 길흉화복을 관장하는 존재로 여겨져 오래전부터 민간신앙의 대상이었다. 우리 조상들은 호랑이에 대한 두려움을 외경의 대상으로 삼아 빌게 되었고, 이는 산의 신령으로 발전하여 산군과 산신으로 받들어 섬기며, 산신단에서 시작하여 당(堂)을 지어 모시고 각(閣)을 짓는 형태로 발전하였다. 나아가 절집에도 들어와 산신각으로 자리 잡게 되었으며, 불교에서 호법신중으로 받아들여졌다.

이로 인해 산신은 점점 친근한 모습으로 다가와 산신 할아버지, 산신 할머니로 불리며 중생을 보살펴 주기를 바라는 신앙의 대상이 되었다. 또한 호랑이는 산신의 사자로 격상되어 절집의 산신탱화나 무속의 산신도에 그려지며 오늘날까지도 그 자리를 지키고 있다.

이러한 민간신앙인 산신신앙은 불교에 수용되면서 16세기 이후 꾸준히 기록되었다. 의식집인 '법계성범수륙승회수재의궤(法界聖凡水陸勝會修齋儀軌, 1573년)'를 비롯한 불교 문헌에서 산신에 대한 언급이 보이며, 산신도는 현존하는 작품들로 미루어 볼 때 조선 후기부터 본격적으로 제작된 것으로 보인다.

그로 인해 조선 후기 이후 대부분 사찰에는 산신상과 산신도가 모셔졌다. 산촌의 마을 제당에 모신 신위가 대개 '산신지위'이며, 절에 가도 산신각이 있거나 삼성각 안에 칠성님, 독성님과 함께 모셔진 것을 어디에서나 볼 수 있는 것이 이런 이유 때문이다.

선암사의 산신각

선암사 산신각 뒤편에 자리한 산왕지위(山王之位) 석비 위패(位牌)

3장_ 모두를 포용하는 품이 넓은 공간

사찰 공간에 위치한 산신지위는 배척하거나 힘의 논리로 압살하려는 배타적인 소심함보다는 민간신앙에 대한 포용을 통해서 종교의 영역으로 수용하려는 범신론적 교리에 적합한 지혜를 택했던 또 하나의 명확한 증거이다.

유연함에서 나오는
불교의 포용력

 사찰의 건물을 살펴보다 보면 때때로 쉽게 이해되지 않는 사례를 마주하게 된다. 경북 문경 희양산 봉암사의 조사전(祖師殿)의 경우가 그렇다. 조사전은 선종(禪宗) 사찰에서 그 종파를 연 조사(祖師)를 봉안한 공간이다. 조사는 불교에서 1종(宗)이나 1파(派)를 세우거나 혹은 뛰어난 행적을 남긴 승려를 비롯하여 사찰의 창건주 등에게 붙여지는 호칭으로 대개는 당을 세워 모셔 조사당(祖師堂)이라 한다.

 '전·당·합·각·재·헌·루·정(殿·堂·閣·閣·齋·軒·樓·亭)'의 순서로 건물의 위계를 정하는 예법에 따라 사찰에서는 일반적으로 불상을 모셨거나 그와 같은 격을 지닌 건물에는 '전'을 붙이고, 전보다는 격이 떨어지는 최고의 지존이 아닌, 또는 사람을 모신 건물에는 대체로 '당'을 붙였다. 따라서 일반적으로는 조사당이라 하지만 이곳에서는 격을 최상으로 높여 조사전이라 하였다.

보우국사, 정진국사, 지증국사 등의 진영을 모신 봉암사 조사전

조사전이 없는 절에서는 영각(影閣)을 짓고, 국사를 배출한 절에서는 국사전(國師殿) 또는 국사당(國師堂)을 짓기도 한다. 조사전은 사찰 내의 안쪽 깊은 곳에 자리 잡고 있는데, 공간의 가장 안쪽, 깊은 공간을 위계상 가장 높은 곳으로 삼는 문묘, 서원, 향교 등의 전학후묘(前學後廟)와 같은 위계적 배치법과 같은 개념이다.

봉암사의 조사전은 정면 3칸, 측면 3칸의 구조를 가진 건물로, 일반적으로 '당'이라 불리는 건물에 '전'이라는 명칭을 붙여 그 격을 높인 점도 특별하지만, 출입구의 배치에서도 이례적인 설계 방식이 적용되었다. 보통 건물은 지붕 면이 위치한 정면을 출입구로 삼는 것이 일반적이지만, 조사전은 팔작지붕의 합각부에 해당하는 측면을 출입구로 사용하고 있다. 현판도 측면에 걸려 있으며, 이를 통해 건물의 측면이 정면처럼 기능하도록 설계되어있다.

이렇듯 건물의 정면이 아닌 측면 합각부를 중심 출입문으로 삼는 사례는 청계산 천개사의 경우도 마찬가지이다. 이는 입지적인 이유 또는 일부 칸을 나눠 종무소 등의 공간으로 사용할 수밖에 없는, 부족한 공간 활용이라는 특별한 이유에 의해서 적용되기도 하지만 어쨌든 특이한 경우임은 분명하다.

사찰은 종교적 공간이라는 특성에 따라 필연적으로 요구되는 경건함, 엄숙함이라는 근본적인 원칙을 충실히 지켜나가는 곳이다. 하지만 필요에 따라서 주어진 질서와 형식을 아무런 거리낌 없이 생략하거나 흩뜨려 버리기도 하는 뜻밖의 변용 사례를 심심치 않게 볼 수 있다. 범신론적 종교가 가진 근원적인 유연함과 포용력의 표출이 아닌가 한다.

측면 합각부를 대웅전 출입문으로 사용하고 있는 서울 청계산의 천개사

불교의 포용력에 대한 다른 생각

산신과 칠성각 등에 관련된 다른 시각을 잠시 살펴보자.

1947년 10월부터 1950년 3월까지 약 2년 6개월간 경북 문경 희양산 봉암사에서는 일반 대중에게도 널리 법력이 알려진 불교계의 큰스님이신 성철·청담 스님 주도하에 식민지 불교를 극복하고 '부처님 법대로 살아보자'는 취지의 결사운동이 있었다. 이 운동은 6·25 혼란으로 지속적인 명맥을 이어 나가지는 못했지만 한국 현대 불교사와 조계종 단사에 기념비적 결사로 자리 잡았다.

주요 내용은 '참선 정진해서 부처가 되겠다는 사람들이 산신이나 칠성각에 기도하고 그걸 팔아서 밥을 먹고 살아서 되겠는가?' 하는 반성과 '옛날부터 민속신앙 대상이었던 칠성탱화, 신장(神將)탱화, 독성 등을 모두 없애고 오직 부처님 법대로, 부처님 법에 가깝게 처절한 수행을 하자'는 의지였다. 가장 사소하고 어려운 일인 밥하고, 나무하고, 밭을 매고 하는 모든 일들을 스님들이 직접 하고 일체의 삯꾼, 일꾼, 공

일반인에게는 부처님 오신 날만 개방되는 희양산 봉암사 출입문

양주 등을 모두 내보내고 수행·정진하였다. 그 수행과 공부를 위한 도반 간의 탁마 강도가 얼마나 처절하고 힘들었으면, '봉암사에서 한철 나면 더 가르칠 것이 없다'는 말이 나올 정도로 봉암사 수행은 제대로다'라는 소문이 날 정도였다.

봉암사는 개인의 이익이나 문중 개념이 없다. 오로지 대중스님의 뜻에 따라 절 살림이 운영되는 대중공의제도가 완벽하게 실행되는 도량이다. 매월 음력 보름과 그믐날에 계율의 실행을 확인하고 반성, 참회하는 집회인 포살을 하며 정진에 방해되는 외부통신을 일절 금지하고 있다. 또한 묵언을 원칙으로 하고 산문출입을 금해 방해되는 행위는 봉암정규로 정해 모든 대중이 한 치의 어김도 없이 이를 따르는 것이 일반적인 봉암사의 가풍이다.

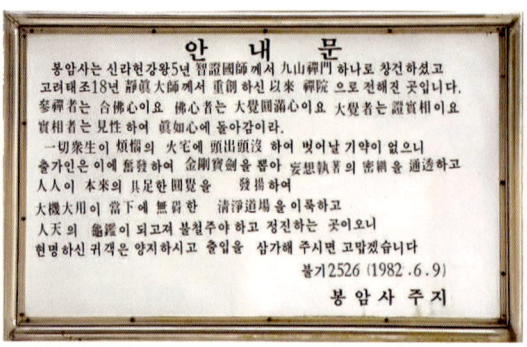

희양산 봉암사 출입 통제를 알리는 안내문

1982년 6월 조계종단은 봉암사 선풍을 회복하기 위해 조계종 특별 수도원으로 지정하고 일반인, 등산객, 관광객의 출입을 막고 다만 부처님오신날만 사찰이 개방되면서 수행도량의 분위기를 유지해오고 있다.

이로써 전통 불교 수호라는 측면에서는 긍정적이라는 평가이지만 불교의 사회화와 대중화 노선에는 바람직하지 않다는 모순을 안게 되었다. 포용력에 의한 교세의 확장과 대중의 수용, 그로 인해 발생하는 삿된 이익과 술수를 사전에 제거하고 오직 교리에 입각한 수행 정진에만 전념하려는 의견이 충돌하는 모습이다. 그렇지만 적절한 수용과 그 결과 흐트러지는 스스로에 대해 엄격해지려는 자정의 노력은 건강하게 발전하고 지켜나가려는 종교의 긍정적인 모습이 아닐까 한다.

산신각과 칠성각은 사찰의 생계를 유지하기 위한 밥벌이 수단으로서 민속신앙을 수용한 결과였다. 그러나 이와 동시에 불교의 확장과 대중적 수용이라는 긍정적인 측면도 분명히 존재한다. 따라서, 민속신앙의 수용은 서로 상충할 수 있는 두 가지 측면, 즉 실질적 생계와 종교적 신념 사이에서 균형을 이루기 위한 고민과 이해가 필요했음을 보여준다.

사찰을 지키는
천왕문 신선 두꺼비

공간적인 측면에서 볼 때 이미 지나쳐 온 곳이지만 삼성각이 상징했던 신선의 세계에 대한 설명에 부연해서 빼놓을 수 없는 특별한 그림이 월정사 천왕문에 있다.

천왕문의 외벽에는 한 발을 치켜든 채 큰 동작으로 세 발 달린 두꺼비를 희롱하고 있는 맨발의 더벅머리 선인과 양손을 품이 넓은 소매에 넣고 그 광경을 유심히 지켜보는 또 다른 한 명의 선인이 등장하는 벽화가 그려져 있다. 신선도의 한 장면인 유해(劉海)가 세 발 두꺼비와 장난을 치는 모습을 표현한 '유해희섬(劉海戲蟾)'의 상황과 흡사하다.

유해는 '해섬자(海蟾子)'라는 이름으로 유랑하다가 신선이 되었다고 전해지는 10세기경 5대(五代)의 후량(後梁) 사람이다. 유해에게는 세상 어디든 데려다줄 수 있는 신비한 능력을 갖춘 세 발 달린 두꺼비가 있었다. 하지만 이 두꺼비는 우물만 있으면 물속으로 숨어버리는 통제

월정사 천왕문 뒷면

월정사 천왕문 측면에 그려진 신선과 두꺼비 벽화

하기 힘든 아주 난처한 습성이 있다. 그렇지만 돈을 아주 좋아해 두꺼비가 도망칠 때마다 끈에 동전을 묶어 물속에 넣어주면 우물 밖으로 나온다고 한다. 유해는 두꺼비와 항상 같이 다녀서 두꺼비 섬(蟾) 자를 넣어 해섬자라는 도호(道號)를 사용했다. 이 그림에서도 선인은 동전을 묶은 끈을 들고 한 발을 치켜든 채 두꺼비를 희롱하며 돌 구덩이 속으로 숨어버렸던 두꺼비를 끌어내는 장면을 표현하였다.

하마선인(출처: 간송미술관)

두꺼비를 한자로 하마(蝦蟆)라고도 하여 유해를 '하마선인(蝦蟆仙人)'이라 부르기도 한다. 하마선인이 도망간 두꺼비를 동전으로 유인해 낚아 올린 뒤 꾸짖는 장면을 그린 심사정(沈師正, 1707~1769)의 그림 '하마선인'이 전해진다.

월정사 천왕문 외벽 그림 중앙에 두꺼비와 놀고 있는 맨발의 더벅머리 선인이 유해이며 그 광경을 유심히 지켜보는 또 다른 한 명의 선인은 호리병 모양의 표주박을 뒤에 매달고 있는 것으로 보아 도가의 8선 중 한 명인 이철괴 선인으로 보인다. 이철괴 선인은 육신에서 영혼을 이탈시키는 능력이 있어 준수한 자신의 용모를 잃고 거지의 몸을 얻었다 하여 거지의 몸과 바꾼 달마대사에 비유되기도 한다.

사찰의 출입문에 도가적 상징인 두꺼비와 신선 유해, 그리고 여덟 신선 중 한 명인 이철괴 등을 그려놓은 것은 불교가 도교적 상징을 수용하는 종교적 포용력을 보여주는 사례로 해석할 수 있는 또 하나의 재미있는 요소이다.

세 발 달린 신선 두꺼비와 놀고 있는 선인

또한, 승려들의 의식용 복장에서 이러한 융합의 또 다른 방식을 확인할 수 있다. 불교의 의식복인 가사(袈裟, kaṣāya) 아래 착용하는 소매 품이 큰 장삼(長衫)은 원래 중국 도교의 의식 복장에서 유래한 것이다. 이는 도교의 종교적 복장 위에 불교의 의식복을 입는 형태로, 불교와 도교가 의복의 측면에서도 자연스럽게 결합하였음을 보여준다.

사찰에 그려진 그림과 승려의 복장에서 볼 수 있듯이 불교와 도교는 너무도 편안하게 함께 어우러져 있다.

사찰의 의식복, 가사와 장삼

가사와 장삼은 승려들이 사찰에서 입는 복장으로, 각각 일상생활과 의식에서 기능적이고 상징적인 역할을 한다.

장삼은 사찰 내에서 승려들이 착용하는 일상복이자 의식복으로 실용성과 의례적 의미를 동시에 지닌, 사찰 생활에서 기본적으로 착용해야 하는 옷이다.

가사(袈裟)는 인도 전통의 수행문화와 관련된 복장으로, 초기에는 죽은 사람의 몸을 쌌던 천이나 사당 등에서 의식용으로 사용된 후 버려진 천들을 모아 기워서 만든 옷에서 시작되었다. 여러 가지 천들을 모아 기워입다 보니 다양한 색으로 알록달록하여서, 황토 등으로 염색해 특정 색을 뭉개 단일화하거나 흐리게 하는 작업이 필요했다. '가사(袈裟)'라는 이름은 이러한 과정을 내포한 괴색의(壞色衣)를 뜻한다. 따라서 가사는 단순히 특정한 복장을 지칭하기보다는, 본래의 색을 무너뜨린 옅은 회색의 소박한 수행자의 옷을 가리키는 의미이다.

'가사'라는 단어는 산스크리트어 가사야(kaṣāya)에서 유래한 것으로, '아름답지 않은 색'을 뜻한다. 이를 한자로 음역, 표기한 것이고 적색(赤色), 부정색(不正色), 염색(染色)의 의미를 포함한다. 가사의 이러한 특징은 수행자가 화려함을 피하고 소박한 삶을 실천하는 상징적 의미를 담고 있다.

죽은 사람의 옷을 나눠주는 티베트의 사원

이 중 붉은색(赤色)은 북방불교로 전해져 중국불교의 가사 색이 된다. 특히 중국 문화권에서 붉은색은 벽사의 의미가 있어 선호했기 때문이다. 반면 남방불교는 황색의 전통을 확보하면서 오늘날까지 황색 승복으로 이어져 오고 있다.

성철과 청담 스님은 1947년 10월부터 1950년 3월까지 '부처님의 법대로 살아보자'는 승려들의 순수한 개혁인 봉암사 결사를 추진하였다. 이 과정에서 가사와 장삼에 대한 중요한 규정이 있었다.

"가사 장삼(長衫)을 보면, 가사나 장삼을 비단으로 못 하게 했는데, 그 당시에 보면 전부 다 비단입니다. 색깔도 벌겋게 해서, 순수한 색이 아니고 괴색(壞色)을 해야 되는 것이니 그것도 비법(非法)입니다. 그래서 비단 가사, 장삼, 그리고 목바릿대, 이것을 싹 다 모아서 탕탕 부수고 칼로 싹싹 잘라서 마당에 갖다 놓고 내 손으로 싹 다 불 질렀습니다."

수행자의 옷이 화려한 옷감으로 만든 것이 아닌, 소박하고 검소한 회색의 옷이어야 함을 확인해주는 내용이다.

수행을 하고 있는 티베트 승려

부처님의 진신사리와 적멸보궁

월정사에서 시간 여유가 있다면 경사가 가파르고 거리가 있어 약간의 산행을 하는 느낌이 드는 오대산 중대 사자암에 있는 적멸보궁(寂

오대산 사자암 적멸보궁

오대산 사자암 적멸보궁 마애불탑

滅寶宮)에 들러보자. 적멸보궁에는 사리탑이나 수계의식을 행하는 계단(戒壇)을 설치하여 부처님의 진신사리(眞身舍利)를 봉안하고 있어 법당 안에는 따로 부처님의 상을 조성하지 않고 불단만 설치한다. 적멸보궁은 진신사리를 예배하는 장소로 지어진 곳이기 때문에 진신사리가 봉안된 방향으로 창을 내거나 예배를 위한 불단만 마련하는 정도이다.

우리나라에는 5대 적멸보궁이 있는데 이곳 역시도 그중 하나다. 이곳 외 4곳의 적멸보궁은 사자산 법흥사, 태백산 정암사, 영취산 통도사, 설악산 봉정암에 있다. 적멸보궁 바로 뒤에 있는 단출한 모양의 마애불탑은 부처님의 진신사리를 모셨다는 증표이다.

적멸보궁에서 예불을 준비하는 스님

불단만 설치된 오대산 사자암 적멸보궁 내부

진신사리를 모신 경남 양산 통도사 적멸보궁과 금강계단

적멸보궁을 보러 올라가는 길에 대개의 여행자는 '힘들게 올라가 봐야 뭐 별거 없을 거야' 하는 자기 위안과 달콤한 포기라는 유혹에 못 이겨 월정사의 말사인 상원사로 발길을 돌린다. 다만 산행 경험이 많거나 일부 굳은 의지의 여행자는 그래도 여기까지 왔으니 그 끝을 보겠다며 힘들게 산을 올라 적멸보궁을 마주한다. 그다음 내려오며 올라올 때는 지나쳤던 상원사를 혹시나 하는 아쉬움에 들른다면 신라 때 주조(鑄造)되어 현존하는 가장 오래되고 아름다운 상원사 동종을 감상할 수 있는 최고의 행운을 누릴 수 있다.

상원사 동종과 비천상

상원사(上院寺) 동종(銅鐘)은 725년(신라 성덕왕 24년)에 주조(鑄造)되어 1469년(조선 예종 원년)에 상원사에 옮겨졌다. 이 동종은 한국 종의 고유한 특색을 모두 갖춘, 현존하는 가장 오래되고 아름다운 대표적인 범종(梵鍾)이다.

보호를 위해 유리로 막아 놓아 가까이 다가설 수 없지만 종신에 새겨진 비천상은 경쾌하기 이를 데 없는 모습이다. 구름 위에서 천의(天衣) 자락을 흩날리며 하프와 같이 생긴 현악기 공후(箜篌)와

상원사 동종

관악기인 생황(笙簧)을 연주하고 있는 주악비천상(奏樂飛天像)은 우리나라 범종에 새겨진 비천상 가운데 가장 아름답기로 평가받는다.

상원사 동종 종루각 비천상

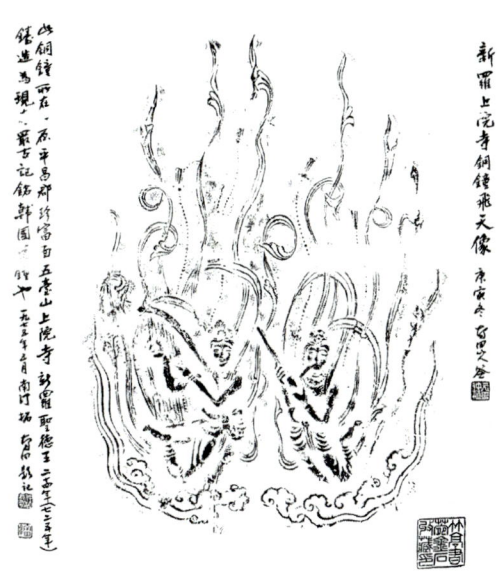

상원사 동종 비천상 탁본(경동대학교 메트로폴 캠퍼스 소장)

월정사 삼성각 외벽 비천도

국립경주박물관의 성덕대왕신종과 비천상

주로 사찰의 범종, 석등, 부도, 불단이나 단청, 외벽 탱화 등에서 볼 수 있는 비천은 부처의 소리를 전하는 아름다운 선녀이다. 서양의 천사는 옷을 입지 않은 날개 달린 천사의 개념으로 표현되지만 동양의 천사인 선녀는 몸의 윤곽이 드러날 정도로 얇고 긴 천의(天衣)를 펄럭이며 새털처럼 가볍게 떠 있는 형상이다. 천의 자락을 휘날리며 허공에 둥실 떠 있는 비천상은 도가적 선녀의 모습과 서로 닮았다.

과연 도깨비는
메밀을 좋아했을까?

사찰에서는 도깨비 형상의 문양을 자주 만날 수 있다. 도깨비는 도교와 불교에서 유래된 동아시아의 귀(鬼) 관념이라는 공통점과 도깨비가 가지고 있는 악귀 또는 화마(火魔)를 물리치는 서수(瑞獸)의 상징적 의미로 인해 많이 차용되는 듯하다.

문헌에 나타나는 도깨비에 대한 기록으로 조선 세종 때(1447년, 세종 29) 석가모니의 일대기(傳記)와 설법 등 불교사상을 설명하기 위해 한글로 편찬한 '석보상절(釋譜詳節)'에서 "도깨비에 청하여 복을 빌어 목숨을 길게 하고자 하다가 종내 얻지 못하나니"라는 내용을 확인할 수 있다.

"救脫菩薩이 니르샤디 有情들히 病을 어더 비록 그 病이 가비얍고도 醫와 「醫는 病 고티는 사르미라」 藥과 病 간슈ᄒ리 업거

> 나 醫를 맛나고도 왼 藥을 머겨 아니 주긇 저긔 곧 橫死ᄒᆞ며 ᄯᅩ 世間앳 邪魔外道앳 妖怪ᄅᆞ빈 스스을 信ᄒᆞ야 「邪魔ᄂᆞᆫ 正티 몯ᄒᆞᆫ 魔ㅣ니 魔ᄂᆞᆫ 귓거시라」 간대옛 禍福을 닐어든 곧 두리본 ᄠᅳ들 내야 ᄆᆞᄉᆞ미 正티 몯ᄒᆞ야 됴쿠주믈 묻그리ᄒᆞ야 種種 즁ᄉᆡᆼ 주겨 神靈의 플며 돗가비 請ᄒᆞ야 福을 비러 목숨 길오져 ᄒᆞ다가 <u>乃終내 得디 몯ᄒᆞᄂᆞ니</u> 어리여 미혹ᄒᆞ야 邪曲ᄒᆞᆫ 보ᄆᆞᆯ 信ᄒᆞᆯᄊᆡ 곧 橫死ᄒᆞ야 地獄애 드러 낧 그지 업스니 이를 첫 橫死ㅣ라 ᄒᆞᄂᆞ니라."
>
> 석보상절 권9:36

이 내용에서 오랫동안 우리 민족의 생활사를 통해 전해오던 도깨비는 불교에 의해 잡신으로 추락하였고 다시 불교를 부정한 조선의 유교문화에 의해 이중으로 부정당하고, 무식한 사람들이 믿는 쓸모없는 존재로 무시되면서 주로 민담을 통해 전승되었다.

주로 구전에 의해 민담의 형태로 전해지는 도깨비는 각양각색의 모습으로 등장하는데 일반적인 특성은 다음과 같다.

덩치가 큰 남성으로 평범한 인간을 닮았다. 술과 고기를 좋아하고 노래 부르며 춤추면서 놀기 좋아하고 예쁜 여자를 좋아한다. 씨름을 좋아해 밤길에서 만난 취객에게 내기 씨름을 걸지만, 번번이 이기지 못한다. 오른쪽 다리를 걸면 힘으로는 절대 넘길 수 없고, 반드시 왼쪽 다리를 걸어야만 넘어진다고 한다. 심술이 나면 솥 안에 솥뚜껑을 집어넣어 솥을 못 쓰게 만들고 돌멩이를 던지거나 모래를 뿌려댄다. 힘이 장사라서 황소를 지붕 위에 올려놓기도 하고 큰 바위를 굴리며 가구를 엎어 놓기도 한다. 겨우 구황작물인 메밀로 만든 음식이나 얻어먹고 바다나 갯벌에서 고기가 많이 잡히는 곳을 알려주거나 직접 고기를 몰아다 주기도 한다. 어리석고, 소박하여 인간의 꾀에 잘 넘어간다.

도깨비가 메밀을 좋아하는 이유는 이야기가 서민층에 구전되어온 영향이 큰 듯하다. 메밀은 조·피·기장·고구마·감자 등과 함께 생육 기간이 짧고 가뭄이나 장마에 영향을 받지 않으며 걸지 않은 땅에서도 큰 어려움 없이 가꿀 수 있어 흉년으로 기근이 심할 때 주식 대용으로 서민들의 끼니를 해결해주는 구황작물(救荒作物)이다. 굶주린 배를 채울 마땅한 방법도 없이 보릿고개를 몸으로 겪어 내야 하는 서민들에게 메밀은 따로 비용을 안 들이고 손쉽게 구할 수 있고 제사상에서도 나름 모양을 갖출 수 있는 음식이었다.

두메산골에 장이 서면 '아낙이 콩 다섯 쪽을 팔러 나왔다'고 할 정도로 어려웠던 궁벽한 살림에 쌀과 같은 좋은 제사 음식을 마련할 형편이 안 됐을 텐데 그나마 마음이라도 편하게 합리화시켜 내놓을 수 있는 음식이 메밀이었을 것이다. 물론 요즘 메밀은 쌀보다 더 귀하고 가격 또한 몇 배 더 비싸 대부분 수입에 의존하고 있다.

강원도 봉평의 메밀밭

메밀꽃

그런 형편과 마음이었다면 아마 도깨비는 메밀을 진심으로 좋아할 수밖에 없었을 것 같다는 생각이 든다. 갑자기 마음이 짠해지는 이런 노랫말이 떠오른다.

"어머님은 자장면이 싫다고 하셨어,
어머님은 자장면이 싫다고 하셨어!"

궁핍한 삶에서 자장면에 대한 거절은 어머니의 반어법적 표현이었다

문헌에 나타나는 도깨비에 대한 기록 중 가장 이른 시기의 기록은 고려 후기의 문신 이규보의 동국이상국집(東國李相國集)이다. 1241년(고종 28) 8월에 전집(全集) 41권을, 그해 12월에 후집(後集) 12권을 편집, 간행하였고, 1251년에 손자 익배(益培)가 교정, 증보하여 개간하였다. 이 책 전집 제20권 '잡저(雜著)-운어(韻語)'에는 다음과 같은 내용이 있다.

반호(班瓠)에게 명하는 글.

…간교한 귀신이나 요사스러운 도깨비가 틈을 타서 엿보거나 어둠을 타서 슬쩍 들어오려 하거든 너는 짖고 이를 쫓아야 한다….

반호는 상고(上古) 시대 때 고신씨(高辛氏)가 기르던 개 이름으로 오색 털이 났다. 이후 삼국유사(1280년대 전후 기록) 권1 기이1 비형랑 조에는 도깨비를 부려 하룻밤 만에 다리를 완성한 비형[6]의 초월적 능력에 대한 이야기가 기록되어 있다.

---

6 신라의 26대 왕인 진평왕 시대의 사람으로 도깨비를 부려 하룻밤 사이에 다리를 놓았다.

도깨비와 치우천황(蚩尤天皇), 그리고 용

　도깨비 하면 머리에 뿔이 있고 호랑이 가죽옷을 입고 있으면서 원뿔형의 가시가 박힌 방망이를 들고 있는 모습을 떠올리겠지만, 전래 한국의 민담에는 도깨비에 대해 그와 같은 묘사가 없다. 여성형의 도깨비가 등장하는 드문 사례도 있지만 대개 도깨비는 딱히 생각나는 외형적 특징이 없거나, 어수룩하고 건장한 성인 남성의 모습으로 표현하였다.
　우리가 익히 알고 있는 가시가 박힌 쇠몽둥이를 휘두르며 뿔이 달리고 송곳니가 큰 생김새의 도깨비는 일본의 '오니(鬼, おに)'가 건너와서 세간에 퍼진 것이다. 일본의 동화나 민간설화에서 오니는 무기를 사용하여 인간을 해(害)하는 요괴로 표현된다. 물론 조선왕조실록 등 머리에 뿔이 달린 도깨비에 대한 기록이 존재하지만 이런 기괴한 모습을 표현한 사례는 아주 드문 일이다.

　오니와 도깨비의 가장 큰 차이는 인간을 해하는 존재이냐 아니냐이다. 오니는 무기를 휘두르는 모습이 자주 묘사되지만, 도깨비는 방망이로 위협을 하지는 않는다. 도깨비방망이 역시 가시가 달린 철퇴와 같이 위협하거나 해를 끼치려는 무기가 아닌 빨랫방망이나 육모 방망이 같은 모양으로 인간이 원하는 물건을 가져다주는 요술 방망이의 역할을 할 뿐이다.

이런 차이에도 불구하고 머리에 뿔이 난 일본 도깨비 오니의 영향으로 으레 도깨비는 머리에 뿔이 난 형상으로 인식되어왔다. 또한, 도깨비나 용의 얼굴을 표현한 장식기와가 일본에서 '귀면(鬼面)', 즉 귀신의 얼굴로 해석되며, 그에 따른 영향으로 오랫동안 잘못 사용되어 온 사실 역시 주목할 만하다. 이런 사례는 "사찰이나 전통가옥의 추녀 끝에 잇대어 댄, 도깨비 또는 용 문양이 새겨진 사래기와나 추녀마루의 망와에 대한 명칭도 일본의 영향으로 귀면와(鬼面瓦)라 해왔다. 용면(龍面)의 사래기와는 중국에는 없고 우리나라에 통일신라가 건국되면서 창안된 것이었다. 이것은 일본으로 전해졌으되 일본이 잘못 이해하여 용의 상징인 여의주와 기(氣) 표현을 전혀 나타내지 않는 정체불명의 동물이 되어 귀면(鬼面)이라 불렀다"는 설명이 말해주듯 오늘날 우리가 사용하는 명칭 또한 일본식 해석의 영향 아래 잘못 전해져 온 것임을 보여준다.

이에 대해 학계 일부에서 "귀면와는 올바른 도깨비 이미지의 정체성을 혼동시키는 역할을 오랫동안 해 왔으며 귀면와를 도깨비 혹은 치우천황이나 용으로 보는 견해는 모두 타당성이 있지만, 귀면와는 우리가 생각해 낸 용어가 아니기 때문에 적절하지 않은 명칭이다. 아직은 이를 대체할 명확한 기록이나 결정적인 근거가 충분하지는 않지만, 도깨비 혹은 용면와(龍面瓦)와 같은 명칭이 조금 더 타당하고 무난하다"는 주장이 제기되고 있다.

강원도 정선 태백산 정암사 삼성각 용문 망와

 "도깨비 혹은 용면와가 일본의 귀면와와 차이를 보이는 것은 정면에서 본 돼지 코와 같은 콧구멍, 입의 좌우에서 나오는 수염과 같이 생긴 영기(靈氣) 등은 용의 이미지를 형상화한 것이고, 부릅뜬 두 눈과 불거진 광대뼈, 날카롭게 솟은 뿔, 그리고 크게 벌린 입 등의 형상은 도깨비의 형상에 해당한다고 판단하는 것이다. 우리나라의 귀면와는 거의 모두 두 개의 뿔이 달려있는데 일본의 귀면와는 대체로 하나의 뿔이 달려있다. 용은 항상 사슴처럼 뿔이 두 개이지만 일본 도깨비 오니는 뿔이 하나 또는 두 개인 것도 있다"는 설명도 있다.

 우리의 전통 건물은 주재료가 목조였다. 따라서 화재에 취약할 수밖에 없는데 그래서 지붕의 기와 가운데 특히 심혈을 기울여 용면의 사래기와를 만들어 비를 머금은 먹구름과 함께 물을 상징하는 용을 장식함으로써 화마(火魔)를 막으려 했다. 화재에 취약할 수밖에 없는 목조건물 위주로 구성된 사찰 역시도 다양한 장소에 여러 형태로 용의 모양을 조각하거나 그림으로 그려 배치해 놓았는데 이 또한 그런 연유이다.

태백산 정암사 삼성각 용 문양 궁창

용의 뿔을 표현한 용문 문양(경남 하동 쌍계사)

화마를 막아내는 용, 물고기를 물고 있다[불국사(왼쪽), 내소사(오른쪽)]

이처럼 화마를 막음으로써 용은 결국 왕이나 부처를 보호하는 수호신의 성격을 함께 지니게 된다. 이러한 성격으로 판단한다면 용면와라는 명칭이 더 타당할 수 있다.

용은 비, 번개, 우레를 관장하고 물속을 자유롭게 왕래하기 때문에 화재 방지 차원에서 설치한다고 앞에서 얘기하였다. 이런 차원에서 경주 불국사와 전북 부안 내소사 대웅전에도 화마를 막으려 새겨진 용이 있다. 이 용이 특이한 건 여의주가 아닌 물고기를 물고 있다는 점이다.

그에 대해 구체적인 이유가 나와 있는 자료는 없다. 다만 물고기 어(魚)는 중국어로 여(餘)와 발음이 같고, 또 같을 여(如)와도 통하기 때문에 물고기는 '여의(如意)'의 상징물, 여의주를 의미한다는 주장이 있을 뿐이다. 여기에 신령스러움과 벽사의 의미가 더해지면서 여의주와 의미가 통하게 된다. 이는 곧 물고기를 문 용과 여의주를 문 용을 동일시하게 되는 것이다.

여의주를 입에 물고 있는 큰물의 상징, 용(선암사)

도깨비와 관련된 또 다른 기록으로 『환단고기(桓檀古記) 삼성기전 상·하』에 나오는 내용이 있다.

"치우천황(蚩尤天皇, 14세 환웅, 자오지환웅)은 배달국(倍達國) 신시 시대 말기 B.C. 2707년에 즉위하여 109년간 나라를 통치했던 왕이다. 구리와 철을 캐어 무기를 제조하고 병사를 훈련시키고 산업을 일으키셨다. 용맹이 매우 뛰어나고, 구리와 철로 투구를 만들어 쓰고 능히 안개를 일으키며, 광석을 캐어 주조하는 기계 구치(九冶)를 제작하여 광석을 캐내고 철을 주조하여 무기를 만드시니 천하가 크게 두려워하였다. 치우는 '뇌우가 크게 일어 산하가 뒤바뀐다'는 뜻이다. 싸울 때 큰 안개를 일으켜 적의 장수와 병졸로 하여금 혼미하여 자중지란을 일으키게 하였다. 치우천황은 도깨비 부대를 이끌었다."

중국 전한 왕조 무제 시대에 저술한 중국의 역사서 사마천의 『사기(史記)』에는 "천하의 제후가 모두 황제 헌원에게 와서 복종하였으나, 치우가 가장 강포하여 천하에서 능히 그를 정벌하지 못하였다"는 기록이 있다. 또 당나라의 장수절이 저술한 사기의 주석서 『사기정의(史記正義)』에도 "헌원이 섭정할 때 치우는 형제가 81명으로, 짐승의 몸을 하고 사람의 말을 하였다. 머리가 구리같이 단단하고 이마는 철같이 강하였으며 모래를 먹었다. 오구장(五丘杖)과 칼과 가지가 있는 창과, 한꺼번에 많은 화살을 쏘는 태노(太弩)를 만들어 천하에 그 위세를 떨쳤다. 치우는 옛 천자의 호칭이다"라는 내용이 나온다.

치우천황을 도깨비라고 하는 이유는 여기에 있다. 치우의 형상은 대부분 뿔이 달린 도깨비의 모습이다. 중국 하북성 탁록현 반산진 탑사촌의 남치우분 하단부에는 도깨비 망와에 새겨진 문양과 유사한 치우의 형상이 조각되어 있다.

『환단고기』는 우리 상고사를 기록한 역서인데 주류 역사학자들은 이를 완강히 거부한다. 그렇지만 우리 역사 편찬에 고민해야 하는 부분이 있다고 생각한다.

용면와(龍面瓦)와 키르티무카

앞서 살펴본 도깨비와 용, 그리고 치우천황의 상징성에 이어, 사찰 공간에서 중요한 또 다른 도상적 요소인 용면와(龍面瓦, 용면 망와 또는 사래기와), 흔히 '도깨비기와'라 불려 온 상징적 존재에 대해 살펴볼 필요가 있다. 이는 전통적 벽사의 상징물인 도깨비 또는 용과 닮은 외형을 지녔으나, 종교적 측면에서 살펴볼 때 그 기원과 의미에서 또 다른 문화적 층위를 보여주는 장식이다.

도깨비기와 또는 용면와의 얼굴 형상에 대한 여러 해석 가운데 특히 주목할 만한 하나는, 인도 신화에 등장하는 키르티무카(Kīrti-mukha, कीर्तिमुख)가 불교와 함께 수용되어 한국 사찰 건축에까지 전해졌다는 견해다. 키르티무카는 산스크리트어로 '영광(Kīrti)의 얼굴(Mukha)' 혹은 '명예로운 얼굴'을 뜻하며, 힌두교와 불교 건축 장식에서 수호적 상징성을 지닌 괴수 형상으로 널리 나타난다.

키르티무카의 기원은 힌두교의 신 시바(Śiva)와 관련된 신화 속에 담겨 있다. 전설에 따르면 히말라야 산신의 딸 파르바티와 결혼하려던 시바에게, 시기심이 끓어오른 마왕 잘란다라(Jalandhara)가 라후(Rahu)를 전령으로 보낸다. 라후는 시바에게 '시바는 가난한 요기(Yogi, 요가 수행자)로서 탁발 수행에 전념해야 하므로 아름다운 여성 파르바티와 결혼해서는 안 되며, 마왕 잘란다라가 파르바티와 결혼해야 한다.'라고 전한다.

라후의 도발에 분노한 시바는 자신의 이마에서 무시무시한 공포의 괴물을 만들어 낸다. 이 괴물은 사자의 얼굴을 하고 눈은 불꽃처럼 타오르며, 머리카락은 곤두서고 포효 소리는 벼락처럼 천지를 뒤흔든다. 괴물이 라후를 집어삼키려 하자 겁에 질린 라후는 목숨을 살려 달라고 용서를 구한다. 시바가 괴물에게 라후를 잡아먹지 못하게 명령했으나 배고픔에 시달린 괴물은 무엇이라도 먹게 해 달라고 시바에게 요구한다. 시바는 괴물에게 괴물 자신의 몸뚱어리를 먹으라고 명령했고 괴물은 자기 꼬리부터 먹기 시작해 결국 흉측한 얼굴만 남게 되었다.

시바는 이 괴물을 대견하게 생각해 '키르티무카(영광의 얼굴)'이라 이름하고 시바 신전 출입문에 이 얼굴을 조각하게 하여 영원히 남기도록 한다. 이후 사자의 얼굴을 본뜬 키르티무카의 얼굴은 인도, 네팔, 인도네시아 등 힌두교 문화의 영향을 받은 곳의 출입문 위나 기둥에 조각되어 있다.

캄보디아 힌두교 사원에 장식된 키르티무카

네팔 카트만두 쿠마리 사원 출입문에 장식된 키르티무카

3장_ 모두를 포용하는 품이 넓은 공간

이 괴물은 겉으로는 험상궂고 무서운 모습이지만, 그 내면에는 인간의 탐욕과 집착을 스스로 소멸시키고 무아(無我)에 이르는 존재로서의 상징성이 담겨 있다. 키르티무카가 자신의 몸을 먹는 행위는 단순한 식욕의 발현이 아니라, 자신의 아집(我執), 탐욕과 애착을 극복해 자아를 초월한 과정을 의미한다. 이러한 초월적 의미를 인정받아 '영광의 얼굴'이라는 이름으로 사원과 신전 입구를 지키는 수호신적 존재로 자리 잡는다.

키르티무카의 형상은 인도, 네팔 등의 힌두 사원에만 머물지 않고, 불교에도 영향을 주어 불교가 확산되면서 티베트를 비롯한 동아시아 전역의 불교 사찰과 건축 장식에 전파된다. 그러한 영향으로 인도 신화에 등장하는 키르티무카가 불교사상과 융합되어 사찰을 수호하는 상징적 존재로 자리 잡게 되었다고 보는 견해가 바로 '사자의 얼굴, 사면설(獅面說)'이라는 주장이다.

사면설을 인정하지 않는다 하더라도 한국 불교 건축에서 키르티무카의 도상이 직접적 혹은 간접적인 영향을 주었다는 사실을 확인할 수 있다. 사찰의 닫집에 장식된 용의 형상, 용마루 위 용의 두상과 치미, 그리고 용면와(귀면와 鬼面瓦)로 불리는 기와의 얼굴 장식 등은 모두 넓은 의미에서 악귀를 물리치고 불법(佛法)을 수호하는 상징적 장치로 활용된다. 이러한 표현들은 키르티무카가 지닌 수호신적 의미와 깊은 연관성을 지닌다.

티베트 불교사원에 장식된 키르티무카

　통일신라 시대에 제작된 용면와는 외형적으로 도깨비의 얼굴처럼 보이기도 하지만, 그 도상의 기원과 기능을 살펴보면 키르티무카와의 유사성을 외면할 수 없다. 용면와와 키르티무카의 형상에서 공통적으로 나타나는 윽박지르듯 부릅뜬 눈, 날카로운 송곳니, 크게 벌린 입 등의 표현은 악귀와 사악한 기운을 물리쳐 신성한 공간을 보호하고 번뇌를 경계하는 상징으로 해석된다.

　용은 등용문 또는 어변성룡의 고사에서처럼 오랜 수련을 거쳐 갖은 난관을 뛰어넘고 마침내 하늘로 승천하는 상징적인 동물이다. 마찬가지로 키르티무카 역시, 단순히 두려움을 자아내는 괴수의 형상이 아니라, 인간의 탐욕과 집착을 경계하고 스스로를 초월하여 영광과 깨달음에 이르는 존재로 형상화된 것이다. 특히 자신의 몸을 스스로 먹는 키르티무카의 모습은 인간 내면의 탐욕과 아집(我執)이 결국 자신을 소멸시키는 과정을 나타내며, 이는 자아의 소멸(無我)과 깨달음(解脫)이라는 불교 핵심 교리를 직관적, 시각적 이미지로 형상화한 것이다. 결국, 용과 키르티무카는 각각 외적 시련과 내적 집착을 초월하는 과정을 상징하며, 이를 통해 도달하고 싶은 변화와 해탈의 경지라는 궁극의 소망을 표현한다고 할 수 있다.

하동 쌍계사 대웅전의 익살맞은 표정의 용의 얼굴

한국 불교 건축에서도 이러한 도상이 용이라는 매개를 통해 수용·변용되면서 단순한 장식적 요소를 넘어선 깊은 철학적, 종교적 의미를 내포하게 된 것이다. 따라서 사찰 곳곳에 다양한 모습으로 조각되거나 그려진 용은 이곳이 단순한 물리적 공간이 아니라, 수행자가 자기 성찰과 정화를 통해 해탈에 이르는 신성한 장소로 기능하고 있음을 상징적으로 나타낸다.

전북 장수 신광사 대웅전(좌)과 명주전(우)의 우스꽝스런 표정의 용의 얼굴

이러한 도상 가운데 일부는 사찰 공간의 지나치게 경건하거나 긴장된 분위기를 완화하는 역할을 한다. 그중 하나가 바로 우스꽝스럽고 익살스럽게 표현된 용의 얼굴이다. 희화된 표정의 용은 수행자의 마음을 부드럽게 풀어주고, 인간적인 친밀감을 느끼게 하여 수행 공간을

편안한 분위기로 만든다.

이는 수행이 반드시 엄숙한 태도 속에서만 이루어지는 것이 아니라, 가벼운 마음으로 번뇌와 집착을 돌아보는 과정에서도 가능하다는 깨달음을 전해준다. 이처럼 유머와 친근함이 더해진 표현은 사찰이 경건함과 더불어 편안한 성찰의 공간이 되어, 수행자가 마음을 열고 자연스럽게 다가설 수 있도록 한다.

결국 키르티무카는 단순히 신성한 존재로 머무는 것이 아니라, 인간 내면의 탐욕과 집착이 어떻게 자멸로 이어지는지를 경고하고, 깨달음에 이르는 과정을 상징적으로 드러내는 중요한 존재이다.

본래 힌두교 신화에서 유래한 키르티무카는 불교가 인도에서 발생하여 주변 지역으로 확산되는 과정에서 불교적 사상과 융합되었고, 동아시아로 전파되면서 각 지역의 전통 상징체계와 결합하여 다양한 형태로 변용되었다. 특히 한국에서는 악귀를 물리치는 벽사의 상징이자 길상의 의미, 그리고 고난을 극복하고 깨달음에 이르는 여정을 상징하는 용의 형상과 맞물려 수용되었다. 이러한 도상의 수용과 변형은 키르티무카가 지닌 본래의 상징성이 불교 교리 속에서 재해석되고 지역적 미감과 신앙에 따라 조형적으로 변주된 결과라 할 수 있다.

네팔 구왕궁(Dubar Museum) 문틀 위에 새겨진 키르티무카의 익살스러운 표정은 한국 전통 사찰의 용 조형에서 발견되는 우스꽝스런 얼굴 표정과 상응하며, 이를 통해 불교가 전파되는 과정에서 지역 전통과의 융합을 통해 형성된 상징 표현의 변용 양상과 실체를 확인할 수 있다.

네팔 구왕궁(Dubar Museum) 문틀 위에 새겨진 익살스런 표정의 키르티무카

사찰에 설치된 다양한 표정의 용 조각과 용면와는 외부의 악귀뿐 아니라 수행자 내면의 번뇌를 경계하고, 수행자가 자기 초월을 통해 해탈에 이르도록 공간적으로 상징화하는 역할을 수행한다. 이를 통해 사찰의 물리적 공간뿐 아니라, 사찰 본연의 신성한 의미를 지키는 동시에, 그 공간이 수행자들에게 자기 성찰과 정화의 기회를 제공하는 공간으로서 기능하도록 하는 것이다.

뱀에서 용으로,
불교 신화의 문화적 융합과 변형

용(龍)은 불교 신화와 상징에서 중요한 위치를 차지하는 존재로, 산스크리트어로는 '나가(नाग, Nāga)'라고 하며, 한자로는 '나가(那伽)'로 음역된다. 인도 신화에서 나가는 뱀을 신격화한 존재로, 인면사미(人面蛇尾)의 형상을 가진 신으로 묘사된다. 이러한 나가 신앙은 아리아족의 침입 이전 고대 인도의 나가족 사이에서 행해지던 뱀 숭배에서 기원하였다. 이후 나가족이 불교에 귀의하면서 나가(용)는 불교 신앙 체계에 자연스럽게 흡수된 것으로 보인다.

나가의 이미지는 불교가 전파되는 과정에서 지역적 변화를 겪었다. 인도에서는 나가가 주로 뱀의 형상으로 묘사되었으나, 중국으로 전래하면서 한자의 용(龍)으로 번역되었고, 이는 다시 동아시아 전통의 신성한 용 신앙과 결합되었다. 이러한 과정에서 인도의 나가는 동아시아 불교에서 용으로 형상화되었으며, 이는 중국, 일본, 한국의 불교 미술에서도 용이 종교적 상징으로 널리 사용되는 계기가 되었다.

시바신을 보호하는 나가의 형상(네팔)

용은 큰 바다에 살면서 구름을 불러 비를 내리는 마력을 가진 신으로 여겨졌다. 불교 경전에는 나가(용)와 관련된 다양한 설화가 전해지는데, 이는 나가(용)가 불교 신앙에서 중요한 역할을 했음을 보여준다.

불교의 계율을 집대성한 율장 '마하박가'에는 부처님의 깨달음을 얻은 후 '나가 무찰린다'(뱀의 왕이라는 뜻으로 용왕으로 표기됨)가 석존을 몸으로 감싸 7일 동안의 홍수와 폭풍우로부터 보호한 이야기가 있다. 또한 법화경에서는 8대 용왕이 석가모니의 설법을 경청하는 장면과 여덟 살 용녀가 성불하는 이야기도 등장한다.

특히 부처님 탄생 당시 난타 용왕과 우바난타 용왕이 하늘에서 청정수를 뿜어 태자를 씻겼다는 이야기는 중국에서 "아홉 마리 용이 향수

춘천 삼악산 상원사 구룡토수 벽화

를 뿜어 태자를 목욕시켰다"는 구룡토수(九龍吐水)로 변형되었다. 이와 같은 설화는 한국에도 영향을 미쳐 법당 건축에서 장식 요소로 활용되었다.

나가 무찰린다는 동남아시아에서는 물의 신으로, 동아시아에서는 용으로 형상화되어 각기 다른 문화적 상징으로 자리 잡았다. 특히, 동아시아의 법당 닫집에는 나가 무찰린다가 호법용으로 조각되어 부처님과 불법을 보호하는 상징적 의미를 담고 있다. 닫집은 부처님이 거주하는 궁전을 상징하며, 적멸궁, 내원궁, 도솔궁 등으로 불린다. 동시에 보개(寶蓋)로서 부처님이 비나 햇살에 노출되지 않도록 보호하는 역할도 수행한다.

청계산 천개사의 부처님을 보호하는 닫집에 새겨진 용 조각

팔공산 동화사 대웅전 닫집에 새겨진 용

불국사 대웅전에서 부처님을 보호하는 용 조각

인도불교에서 보개의 역할을 담당한 나가 무찰린다가 동아시아 법당에서는 닫집에 호법용으로 조각되어 부처님의 머리 위에서 그 의미를 이어오고 있는 것이다.

결론적으로, 인도의 나가 신앙과 동아시아의 용 신앙은 불교 전파 과정에서 융합되며 각 지역의 문화적 특성을 반영한 새로운 상징으로 발전하였다. 나가는 뱀에서 용으로 변모하며 불법을 수호하는 상징이 되었고, 이러한 변화는 불교 미술과 건축에 깊은 영향을 미쳤다. 한국의 불교에서도 법당 닫집이나 조각 장식에서 나가와 용의 상징성을 확인할 수 있으며, 이는 나가 신앙의 지속성과 문화적 융합을 보여주는 사례라고 할 수 있다.

문경 봉암사 부처님을 보호하는 닫집과 기둥에 새겨진 용 조각

반야용선과 용가 그리고
한국 불교만의 독창적 인물, 악착보살

한국의 사찰에서 용은 법당의 닫집이나 사찰 벽화 속에 부처님의 법력을 감싸고 보호하는 모습으로 등장하며 불법을 수호하는 상징적 존재로 인식되어 왔다.

이러한 전통적 상징성과 함께, 한국 불교에서는 용의 형상을 다른 의미로 변용한 독창적인 표현이 나타난다. 대표적인 예가 바로 '반야용선도(般若龍船圖)'와 '용가(龍架)', 그리고 '악착보살'이다.

반야용선도는 극락왕생의 염원을 시각적으로 형상화한 불화이며, 용가는 법당 천장에 설치된 목조 조각 장식으로서 반야용선도의 입체적 구현물로 볼 수 있다.

반야용선도는 '반야'와 '용선'이라는 두 개념의 결합으로 이루어진다. '반야'는 부처의 지혜를 의미하고, '용선'은 중생을 고통의 세계로부터 윤회가 없는 피안의 정토, 극락으로 인도하는 배를 뜻한다. 용이 호위한다고 하여 반야용선이라고 부른다.

반야선에 대한 기록은 도세(道世, ?~ 683) 스님이 엮은 불교에 관한 여러 가지 자료를 집대성한 백과사전인『법원주림(法苑珠林)』, 불공(不空)이 번역한『천수천안관세음보살대비심다라니(天手天眼觀世音菩薩大悲心陀羅尼)』와『인왕반야다라니석(仁王般若陀羅尼釋)』등 당(唐)대에 저술된 경전에서 보이기 시작한다. 우리나라 기록으로는 고려 말과 조선 초에 활약한 양촌 권근(1352~ 1409)의 문집인『양촌집』제22권 발어류(跋語類)에 수록된 '대반야경(大般若經)의 발(跋)'에서 "반야선을 타고서 정각안에 이르며(乘般若舡到正覺岸)"와 1478년(성종 9)에 서거정(徐居正), 노사신(盧思愼)을 비롯한 23인의 관료가 우리나라의 역대 시문(詩文)을 모아 만든『동문선(東文選)』제111권(卷), 소(疏)에 기록된 이첨(李詹)의 '신총랑오재소(辛惣郎五齋疏)'에서 "반야의 배를 타고 미륵보살의 비밀한 수기를 받으소서(受彌勒之秘記 乘般若船)"라는 내용에서 확인할 수 있다.

인로왕보살이 이끄는 반야용선도

고려에서 조선시대 중반까지는 반야용선을 원선(願船), 아미타원선, 사십팔원선, 대비선(大悲船), 자항(慈航) 등으로 불렀으니 이는 아미타불의 48대원(大願)에 의지하여 정토로 건너간다는 의미로 붙여진 이름이다.

조선 초까지만 해도 반야용선 그림은 사십팔용선(龍船), 용선, 용주(龍舟) 등으로도 불렀는데 이 시기에 그려진 그림이 몇 점 있으나 현재 모두 일본에 건너가 있다. 임진왜란과 병자호란을 거치고 조선 후기에 이르러, 불교 신앙의 시대적 변화에 따라 반야용선 도상이 정착되면서 '반야용선' '반야용선도'라는 용어가 확립되었고, 지금까지 정식 명칭으로 사용되고 있다.

반야용선도는 주로 영남지역에 나타나는 형식으로 사찰 벽화나 불화로 자주 등장한다. 그려진 형태는 일정하지 않으며, 단순한 쪽배에서부터 용머리를 장식한 배, 또는 용 자체가 배가 되는 형상까지 다양하지만 기본 구성은 동일하다. 용선의 뱃머리는 대부분 화면의 좌측에 있다. 이는 반야용선이 피안의 세계, 극락세계인 서방정토로 향하는 것을 반영한 것이다. 또한 극락전에 가장 많이 나타나는데, 이는 극락왕생에 대한 염원이 강하게 반영된 것으로 추측할 수 있다. 청룡과 황룡, 두 마리 용이 끌고 가는 배도 있다. 타고 가는 불보살님도 시대에 따라 변했다.

서대문구 삼각산 백련사 반야용선도

초기에는 인로왕보살(引路王菩薩)이 홀로 반야선에 탄 중생들을 인도했지만 차츰 아미타불, 관음보살, 대세지보살 등 아미타 삼존과 지장보살이 함께 승선하게 된다. 후기의 반야용선도를 찾아보면 뱃머리에는 인로왕보살이 서서 배를 인도하고 배 후미에는 지옥 중생구제를 원력으로 세운 지장보살이 서 있다. 배의 한복판에는 아미타불과 관음보살, 대세지보살이 중생들과 함께 극락세계로 건너간다.

대표적인 예로 통도사, 신륵사 등의 벽화에서 반야용선도를 찾아볼 수 있으며, 현대에도 49재 마지막 재(齋)에는 종이로 만든 반야용선을 활용하는 사찰 전통이 이어지고 있다. 전라도 지역의 씻김굿에서도 망자의 영혼을 싣고 가는 운반구로 '넋당석'이라는 반야용선을 만들어 쓴다. 불전 안팎에 게, 물고기 등 바다 생물을 함께 장식하기도 한다. 이는 바다를 떠가는 반야용선의 의미를 강조하기 위한 장치이다.

반야용선은 평면적인 불화로 그려질 뿐만 아니라 조각 형태로도 발전하였는데, 이를 '용가' 또는 '반야용선대'라고 부른다. 용가는 법당 천장에 설치된 장식으로, 한쪽 또는 양쪽에 용머리가 달린 'ㅡ'형 목조형 상물이다. 용가의 배 부분 아래로 여러 개의 풍탁(風鐸, 작은 종)이 일렬로 매달려 있으며, 그 숫자는 많게는 16개에 이르기도 한다. 용가의 양 끝 용머리 아래에는 작은 고리가 있어 여기에 줄을 달아놓았는데, 경북 영천 영지사 대웅전과 청도 운문사 비로전의 용가에는 '악착보살(齷齪菩薩)' 또는 '악착동자(齷齪童子)'라고 불리는 조각상이 이 줄에 매달려 있다. 한 사람이 매달린 것도 있고 둘이나 세 사람이 매달린

봉정사 대웅전 용가

불영사 대웅전 2개의 풍탁과 줄이 달린 용가

것도 있다. 보통 법당 내부의 천장에는 연등이 많이 달려 실제로 발견하기가 어렵다.

용가는 법당 서쪽 대들보 근처에 설치되는 경우가 많은데 반야용선과 마찬가지로 불교에서 극락정토가 서쪽에 있다고 보는 관념과도 연결된다.

홍천 수타사 대적광전에 설치된 반야용선대에는 신도들이 극락왕생을 발원하며 잡아볼 수 있도록 한 것인지, 스님들의 의식용인지 명확한 용도를 알 수 없지만 양쪽 고리에 기다란 줄을 매달아 신도들이 서서 잡을 수 있는 높이까지 늘어뜨려 놓았다. 이처럼 용가는 단순한 장식을 넘어 의례적이고 신앙적인 참여 공간으로 기능하기도 한다.

수타사 대적광전 6개의 풍탁과 줄이 달린 용가

　용가 유물은 그리 많지 않은데, 경산 환성사 대웅전, 청도 운문사 비로전, 대구 동화사 대웅전, 경주 불국사 대웅전, 울진 불영사 대웅보전, 의성 대곡사 대웅전, 안동 봉정사 대웅전 등에 용가가 남아있다. 울산 석남사의 경우 용가의 보존을 위해 박물관에서 보관 중이다. 일부 연구에서 여수 흥국사에 있었다고 하나 지금은 찾아볼 수 없다. 현재까지 파악된 용가는 서울, 강화, 강원도 등에 각 1, 2점씩 있는 것을 제외하고는 모두 영남지역의 사찰에서 확인된다.

　악착보살은 악착동자라고도 부르는데 문수동자 같이 쌍상투가 있는 동자의 모습도 있고 긴 머리를 한 여자의 모습도 있다. 배에서 내려준 줄을 끈질기게 붙잡고 있는 모습은 '악착같이'라는 표현의 어원을 떠올리게 한다. 우리가 흔히 쓰는 '악착같다'는 말에서 '악(齷)'이나 '착(齪)'이나 두 글자 모두 치(齒, 어금니 또는 이)가 들어 있어 이를 앙다문 상태를 가리키는 말로 기를 쓰고 덤벼드는 모양의 매우 모질고 끈덕진 모습을 나타낸다. 이는 중생이 극락정토에 이르기까지 집착을 놓지 않고 매달려야 한다는 염원을 상징적으로 보여준다.

서울 봉천동 길상사 신발 한 짝이 벗겨진 채 매달린 악착보살

반야용선에서 내려준 줄을 붙들고 있으니 극락에 갈 때까지는 악착같이 잡고 있어야 한다. 놓치면 평생의 수고가 다 물거품이 된다. 그러나 지금 남아있는 악착보살들의 모습을 보면 너무 다급해 신발 한 짝이 벗겨진 채 매달려 있으면서도 웃는 듯한 얼굴의 편안한 모습이다. 결코 놓을 수 없는 일생의 발원을 붙잡고 매달려 있는 절박한 상황이

지만, 그 줄만 놓지 않으면 극락왕생이 가능하다는 희망과 소망을 담아 해학적으로 표현함으로써, 보는 이로 하여금 오히려 편안한 마음으로 다가설 수 있게 해준다.

항룡유회(亢龍有悔), '하늘에 오른 용에게는 후회할 일만 남는다.'라고 하는데 과연 고통과 윤회가 없는 피안의 정토, 극락에서는 일체의 회한이 없을까? 그렇다 하더라도 속인들의 궁극의 목적인 극락왕생의 기회가 손안에 잡혀있으니 결코 양보할 수 없는 일생의 기회이자 가장 행복한 순간인 것만은 확실하다.

흥미로운 점은, 악착보살 이야기가 불경에서는 근거를 찾을 수 없는 한국 불교에서만 나타나는 독창적인 표현이라는 것이다.

불교 경전에 없는 악착보살 이야기는 가족과의 이별에 시간을 끌다가 반야용선을 놓친 망자가 배에서 던져 준 줄을 악착같이 잡고 극락세계로 건너갔다는 이야기를 기록한 명나라 운서 주굉(1535-1615) 스님이 1584년에 편찬한 "왕생집"의 이야기가 후대에 전해지면서 변화된 것으로 추측하고 있다.

영주 부석사 선묘각의 내·외벽에 있는 용선은 극락정토로 가는 반야용선도가 아닌 호국적 의미를 담은 용선이다. 즉 용으로 화(化)한 선묘의 모습을 표현한 것이다. 이는 극락세계에 대한 염원과 조선 후기 불교의 호국적 의미가 반영된 결과로 볼 수 있다.

 반야용선과 용가는 단순히 장식적 요소에 그치지 않고, 한국 불교에서 용이 지닌 신성성과 극락왕생에 대한 신앙적 실천을 시각화한 중요한 도상이다. 또한 이들 표현은 조선 후기 불교의 민중적 호국 불교의 흐름과 결합하여, 불교 도상의 독창성과 한국 불교 특유의 미감, 종교적 실천의 맥락을 함께 담아내고 있다. 이는 단지 불교 미술의 차원에 머무르지 않고, 신앙적 체험과 교리적 의미를 매개하는 중요한 역할을 수행하고 있음을 알 수 있다.

부석사 선묘각 외벽의 호국적 의미의 용선

사찰에서 범종각의 의미

　범종각(梵鐘閣)에는 예불 의식, 식사 시간 등을 알릴 때 쓰는 범종, 법고, 목어, 운판이라 부르는 사물(四物)이 있다. 각각의 역할이 있지만 모두 두드려서 소리를 내는 타악기인데 소리로서 불음(佛音)을 전파하려는 목적이다.

　범종은 경종(鯨鐘)이라 부르기도 한다. 종을 매달기 위해 위쪽에 만들어 놓은 고리를 종뉴(鐘鈕)라 하는데, 음통과 연결해 준다. 대부분 용의 형상을 취하고 있어 용뉴(龍鈕)라고도 한다. 용뉴는 종을 거는 역할뿐 아니라 종의 앞뒤를 결정하는데, 용머리 쪽이 앞이 된다. 신라시대에는 주로 용을 한 마리만 조각한 것이 많았고 조선시대에는 쌍룡으로 조각된 것이 많다.

　범종을 경종(鯨鐘)이라 부르는 이유는, 용뉴(龍鈕)에 새겨진 고래를 무서워한다는 가상의 동물인 포뢰(蒲牢)에 얽힌 이야기와 관련이 있다. 포뢰는 비희, 이문, 폐안, 도철, 공복, 애자, 금예(또는 산예), 초도 등 용의 아홉 자식 중 하나이다. 포뢰는 동해에 사는 고래를 가장 무서워하기 때문에 고래 모양으로 깎아 만든 당(撞)으로 종을 치면 포뢰가 놀라 큰 소리를 지르기에 종소리가 크게 울릴 거라 생각했다.

'삼국유사 탑상 제4 사불산·굴불산·만불산에서 만불산에 대한 설명 중 "아래에는 자금종(紫金鐘) 셋이 배열되어 있는데, 모두 종각과 좌대가 있고 고래 모양으로 종치는 방망이(鯨魚爲撞)를 만들었다"는 기록이 있다.

사찰에서는 범종을 울려 주위 사람들에게 법요와 포교의 시작을 알

문경 희양산 봉암사 범종각

문경 희양산 봉암사 범종 용뉴에 새겨놓은 포뢰

리기도 하는데 지옥의 중생들이 범종이 울리는 순간에는 모두 고통에서 벗어나 편안함을 얻을 수 있으며 그와 동시에 불법의 장엄한 진리를 깨우친다는 의미가 있다.

법고(法鼓)는 아침, 저녁 예불 때 치는 큰 북으로 북소리를 통해서 속세의 모든 축생(畜生, 사람들이 기르는 동물)을 제도(濟度)한다는 의미가 있다. 법고에서 나는 북소리는 단순한 북소리가 아닌 부처님의 소리이다. 북소리가 널리 세간에 퍼지는 것을 불법이 널리 퍼지는 것에 비유하며, 중생의 번뇌를 없애는 상징적 역할을 한다.

부처님의 가르침을 중생들에게 전하는 매개체는 용이다. 용은 부처님의 말씀을 가장 먼저 깨달은 존재로, 때가 되면 그 가르침을 세상에 알리는 역할을 맡고 있다. 따라서 부처님의 소리를 전하는 역할을 맡기에 용이 가장 적합하다. 이런 이유로 법고의 북통에는 사신(四神) 중 동방의 수호신인 용이 구름 속을 노니는 모습을 묘사한 운룡도(雲龍圖), 쌍룡도가 그려진다.

북의 몸통은 잘 건조된 나무를 사용하고, 좋은 소리를 내기 위해 음양의 조화를 고려하여 암소와 수소의 가죽을 각각의 면에 사용한다.

경남 하동 쌍계사 저녁 예불을 위한 법고 타주(法鼓 打奏) 의식

목어(木魚)는 속을 파내어 비운 나무통의 겉모양을 물고기 모양으로 깎아 소리를 낸다. 물고기는 항시 눈을 뜨고 깨어있으므로 그 모양을 따서 나무에 조각하고 두드림으로써 수행자의 잠을 쫓고 수행에 정진하라는 경각심을 일으키려는 상징적인 뜻과 물속에 사는 모든 중생

을 제도한다는 은유적인 의미가 있다. 다른 이름으로는 목어고(木魚鼓), 어고(魚鼓), 어판(魚板)으로 불리며 머리 모양은 여의주를 물고 있는 용, 몸체는 물고기의 모습(龍頭魚身)으로 깎아 어변성룡(魚變成龍)의 상징성을 담고 있기도 하다. 목어가 여의주를 물고 있는 것은 온갖 속박에서 벗어나 어떤 것에도 구애되지 않고 자유로운 대자재(大自在)를 얻는 중생 또는 보살을 상징한다.

운판(雲板)은 청동 또는 철을 판형으로 주조하여 구름 모양으로 만든 얇은 판이며, 두드리면 맑고 은은한 소리가 난다. 구름 위에 해와 달을 좌우에 배치하거나 전면을 구름 모양으로 채운 경우가 많다. 중생을 고통에서 벗어나게 하고 깨달음의 길로 인도한다는 뜻의 '옴마니반메훔(ॐ मणिपद्मे हूँ)' 여섯 자의 만트라를 새겨놓기도 한다.

재당(齋堂)이나 부엌 앞에 달아두고 공양 시간을 알리는 도구로 쓰였는데 아침저녁 예불 때 의식 용구로 사용한다. 운판을 두드리면 공중을 날아다니는 생물들을 제도하고 허공을 헤매 떠도는 영혼들을 천도한다는 의미가 있다. 화판(火板), 장판(長板)으로 부르기도 하는데 부엌에 달아 놓고 구름을 새겨놓은 이유는 구름이 물을 상징하여 화재에 대한 경각심을 알리기 위함으로 이해하기도 한다.

범종·법고·목어·운판, 4종류의 불구(佛具)를 한데 묶어 불전사물(佛殿四物)이라 한다.

문경 희양산 봉암사 목어

해와 달이 새겨진 봉정사 운판

사물을 보관하는 범종각의 위치는 체용론(體用論)과 관련이 있다. 불교를 중국화 하는 과정에서 이론의 체계를 정립하기 위해 체용론을 사용하였는데 이후 송나라 유학자들이 유가 철학에서 이론적으로 체계화하여 사용하였다. 주희(朱熹)는 본체론을 총정리하여 이(理)는 무형(無形), 천지만물의 본체(體)로서의 형상(形相)으로 보았고, 기(氣)는 유형(有形), 그리고 형상인 체(體)를 구체화하는 작용(用)적 대상으로 설명하였다. 결국 체는 본질이며, 용은 작용을 말하는데 위치로 보아 체는 왼쪽에 해당하고, 용은 오른쪽에 해당한다.

사찰에서 범종각은 소리 공양구인 사물을 보관한다. 사물을 두드려 소리가 나게 하는 행위는 곧 체(體)를 드러내기 위한 용(用)에 해당하여 일반적으로 범종각은 법당 오른쪽에 둔다. 범종각의 역할은 불이문으로 들어오는 구도자를 환영하고 그가 불이의 경지에 이르렀음을 알리는 주악을 연주한다는 의미에서 상징적인 기능을 하고 있다. 범종각을 2층의 루(樓) 형식으로 구성하였을 때는 범종루(梵鍾樓)라고 부른다.

소(牛)가 알려주는 깨우침의 과정, 심우도

사찰은 일주문을 통해 일상의 공간인 속세와 구별되는 성역(聖域)을 형성하였고 법당에 이르는 길에는 산문과 누각을 배치하여 문루를 통과하는 과정에서 방문자가 자연스럽게 경건한 마음을 갖도록 유도하였다. 또한, 사찰 전각의 벽화는 내·외부에 따라 다른 주제와 표현 방식을 보이며, 성(聖)과 속(俗)의 대비를 시각적으로 형상화하여 종교적인 목적에 부합하도록 구성하였다.

사찰 벽화 중 외벽은 엄숙한 분위기의 종교화가 아닌, 불교 교리를 쉽게 전달하고 대중적인 공감을 형성하는 그림을 그려놓았다. 대표적인 외벽 벽화로 심우도(尋牛圖)가 있다.

심우도(尋牛圖)는 소를 찾는 과정을 통해 자신의 본성을 깨달아가는 수행의 과정을 그림으로 표현한 것이다. 불교적 맥락에서의 수행의 단계를 설명하지만, 소는 유유자적함, 평온함, 자연 그대로의 삶을 상징하는 의미를 담고 있어 무위자연(無爲自然)과 같은 도교의 자연관과 일체감을 반영하는 주요 소재이다. 특히, 외뿔 소를 탄 노자(老子)와 같이 도교적 수행자의 상징과도 연결된다. 결국 심우도는 불교적 교리를 표현하기 위한 수단으로서 도교적 상징과 소재를 융합하여 활용한 것이다.

도교는 한국 역사에서 유교나 불교처럼 교단을 형성하거나 큰 세력을 이루지는 않았지만, 문화와 잠재의식에 깊은 영향을 미쳤고 무속과 민속은 물론 유교와 불교에도 도교적 요소가 스며들어 있다. 특히, 한국 도교는 토착 문화와 긴밀히 결합하여 다른 문화의 바탕에 자연스럽게 자리 잡고 있으며, 민간 회화에서도 그 흔적을 확인할 수 있다.

도교적 회화를 정의하고 경계를 명확히 구분하는 것은 쉽지 않은 일이지만, 심우도는 불교와 도교 사상이 융합된 작품으로, 민간 대중에게 도교적 요소와 불교 교리를 결합한 회화적 표현 방법을 통해 민간 대중에게 적극적으로 다가가려 하는 종교적 포용력을 보여준다.

불교의 선종(禪宗)에서, 본성을 찾는 과정을 소를 찾는 것에 비유하여 그린 심우도는 수행단계를 10단계로 하고 있어 십우도(十牛圖)라고도 한다. 중국 송나라 때 만들어진 보명(普明)의 십우도와 곽암(廓庵)의 십우도 등 두 종류가 우리나라에 전래되었다. 보명은 소를 길들인다는 뜻에서 목우도(牧牛圖)라 하였고, 곽암은 소를 찾는 것을 열 가지로 묘사했다 하여 십우도라 하였다. 조선시대까지는 두 가지가 함께 그려졌으나 최근에는 곽암의 심우도가 주로 그려진다. 불교적 수행의 과정을 쉽게 이해하도록 돕고 신심을 깊게 하는 방편으로 활용되고 있다.

심우도 중 득우(得牛)

심우도 수행 10단계

① 심우(尋牛), 우거진 수풀을 헤치고 소의 자취를 찾는다.

② 견적(見跡), 실마리가 되는 발자국을 본다.

③ 견우(見牛), 자취를 따라 찾아가 소를 본 것.

④ 득우(得牛), 소를 잡기는 하였으나 뜻대로 다루지 못하고 힘들여 서로 겨루는 중.

⑤ 목우(牧牛), 뜻대로 길들여 채찍과 고삐가 아니더라도 스스로 잘 따르는 모습.

⑥ 기우귀가(騎牛歸家), 몸을 소등에 올려놓고 피리를 불며 집으로 돌아온다.

⑦ 망우존인(忘牛存人), 소를 타고 집으로 돌아오니 소는 사라지고 사람만 한가롭다.

⑧ 인우구망(人牛俱忘), 소도 없어지고 사람마저 오간 데 없이 비었다.

⑨ 반본환원(返本還源), 본래 청정하여 한 티끌의 미혹함도 없는 경지에 들어섬.

⑩ 입전수수(入廛垂手), 깨달음을 얻고 세상에 나아가 중생을 제도한다.

이처럼 수행 10단계를 그림으로 표현한 심우도는 선이 무엇이고 본성이 무엇인가를 모르는 채 불가에 귀의한 승려가 그것을 찾아가는 여정을 보여준다. 이를 통해 불도를 깨우쳐 가는 수행의 과정과 결과적으로 불교의 중생제도라는 궁극적인 의미를 설명한다. 설령 글을 읽지 못한다 해도 그림만으로도 충분히 이해할 수 있도록 배려한 설법의 장치이다.

티베트 사원에서도 글을 읽지 못하는 이들을 위해 불교 경전을 새겨 넣은 경통(經筒) 모양의 마니차(摩尼車), 또는 경전을 넣은 책장에 축

티베트의 사원에 불교경전을 새겨 넣은 마니차(摩尼車)

을 달아 돌릴 수 있게 만든 윤장대(輪藏臺, 또는 전륜경장轉輪經藏)를 설치해 놓고 손으로 돌리면 경전을 한 번 읽은 것과 같은 공덕을 쌓을 수 있도록 하였다. 글을 읽을 줄 아는 사람이나 그렇지 못하는 사람, 모두를 고려하여 누구나 쉽게 접근하여 종교가 추구하는 궁극(窮極)에 이르도록 하려는 배려이다.

티베트 사원에 범어로 쓰인 불교경전

글을 마치며

신선 두꺼비가 아닌, 우리가 지켜야 할 전통 공간

현대 사회를 살아가는 우리는 쉽고 편리한, 그리고 날마다 새로운 자극으로 가득한 세상이 추구하는 바쁜 일상에 쫓기어 사찰이라는 전통 공간이 지닌 의미 있는 가치를 인식하지 못하고 지나쳐왔다.

지인들과 함께 답사를 다니며 산문과 문루를 둘러보고, 전각에 그려진 그림들을 들여다보자. 이와 함께 산속 사찰이 가지고 있는 공간 철학적 의미들을 찾아내 보자. 그렇게 조금씩 알아가며 이야기를 나누다 보면 주변에서 함께 듣고자 흥미를 얻어 살며시 거리를 좁혀 따라 오는 낯선 탐방객들도 있다. 다가와 함께 듣는 것을 미안해하거나 불편해할 이유가 없고, 의견을 나누는 것 역시 부끄러워하거나 눈치 볼 일도 아니다. 그렇게 관심을 가지고 하나씩 익혀나가고 자꾸 들여다보게 되면 그만큼 얻는 것도 많아질 것이다.

오랜 세월을 묵묵히 지켜온 사찰은 그저 낡고 퇴색해 세상의 뒤안길로 사라져 가는 묵은 공간이 아니라, 우리 민족의 삶과 역사가 녹아있는 귀중한 문화유산이다. 특별한 장소성이 있는 공간인 만큼, 그곳을 지켜내기 위해 지금까지 쌓아온 지혜와 철학이 문화와 유산이라는 모습으로 변해 곳곳에 숨어 있고, 그 안에는 우리가 잊지 말아야 할 소중한 가치들이 담겨 있다.

이처럼 오래된 사찰은 단순한 관광지가 아니라, 우리 문화에 대한 자긍심을 높여 주고 생각의 깊이를 더해주는 특별한 공간이다. 우리는 사찰이 지닌 공간 철학적 가치를 기억하고, 빛나는 유산으로 후대에 물려주기 위해 더욱 관심을 가지고 지켜나가야 한다. 우리가 관심을 가지고 손을 내밀어 다정하게 다가가면 오랜 역사 속에서 우리 민족과 함께 삶의 애환을 나누어 왔던 사찰은 그 오랜 시간을 묵묵히 지켜보고 깊은 품속에 잔잔히 녹여왔던 끝없는 이야깃거리와 볼거리, 공간이 숨겨놓은 철학적 가치와 의미를 아낌없이 내어주는 향기롭고 흥미진진한 보물창고가 될 것이다.

오래된 공간, 전통이 녹아있는 장소에는 그곳을 오랫동안 유지해 온 깊이 있는 지혜와 나름의 의미가 담겨 있다. 그런데 우리는 그러한 문화적 자산의 소중한 가치를 인식하지 못한 채, 너무 가볍게 여기고 스쳐 지나쳐 버리는 것은 아닌지. 그렇다면 과연 그것을 어떻게 지켜 나가야 할 것인지에 대해, 고민에 고민을 더해 본다.

참고문헌

- 가와바타 야스나리 지음·김진욱 옮김(2013) 설국. 범우사
- 간송미술관(2013) 간송문화 제85호 진경시대화원. 삼성문화인쇄
- 강경선·김재홍·양달섭(2000) 이야기가 있는 경복궁 나들이. 역사넷
- 강성철(2007) 도깨비 이미지의 시각적 정체성에 관한 연구-조선왕조실록과 민담자료를 중심으로. 한국일러스트레이션학회 15권. pp.9-30.
- 강영환(2013) 한국 주거문화의 역사. 기문당
- 계성 지음·김성우·안대회 옮김(1993) 원야. 예경
- 국립경주문화재연구소(2017) 황룡사지 출토 암막새 분류 일람. 문화재청
- 국립민속박물관(1999) 건축장인의 땀과 꿈. 신유문화사
- 국립중앙박물관(2006) 고구려 무덤벽화-국립중앙박물관 소장 모사도. 주자소
- 국립중앙박물관(2013) 한국의 도교 문화 행복으로 가는 길. 디자인공방
- 권영휴(2001) 한국 전통 주거환경의 풍수적 해석 및 입지평가 모델 개발. 고려대학교 대학원 박사학위논문
- 권오만(2015) 한국 전통공간에 내재된 풍류문화의 원형. 고려대학교 대학원 박사학위논문
- 권오만(2022) 디자인과 철학의 공간 우리 궁궐. 밥북
- 김광언(1988) 한국의 주거민속지. 민음사
- 김대문 저·이종욱 역주해(1999) 화랑세기-신라인의 신라이야기. 소나무

✦ 김동욱(2013) 한국건축의 역사. 기문당

✦ 김복순(1993) 신라 하대 선종과 화엄종 관계의 고찰. 국사편찬위원회. 국사관논총 제48집. pp.243-259.

✦ 김봉렬(2003) 가보고 싶은 곳 머물고 싶은 곳-옛절에서 만나는 건축과 역사. 안그라픽스

✦ 김사덕·이은희·엄두성·조남철(1999) 봉정사 극락전 벽화조사(I). 보존과학연구 20집. 국립문화재연구소. pp.176-207.

✦ 김용덕(2013) 사찰 벽화 설화도의 유형과 의미. 비교민속학회. 비교민속학 제51집. pp.95-118.

✦ 김일두(1979) 명찰편액순력(名刹扁額巡歷). 한진출판사

✦ 김재훈·방승기 공역(2015) 그림으로 쉽게 설명한 건축환경. 문운당

✦ 김정희(1989) 신장상. 대원사

✦ 김중관(2018) 아랍지역 국가의 교육정책의 특성과 시사점-사우디아라비아와 튀니지의 비교분석. 2018 세계교육정책 인포메이션 2호. 한국교육개발원

✦ 김진호(2016) 빅데이터가 만드는 제 4차 산업혁명. 매경출판

✦ 김태식(2002) 화랑세기, 또 하나의 신라. 김영사

✦ 김훈(2014) 칼의 노래. 문학동네

✦ 김희진(2018) 조선후기 용 도상 연구-회화를 중심으로. 계명대학교 대학원 석사학위 논문

✦ 김희진(2021) 한국 불교의 용 도상 연구. 계명대학교 대학원 박사학위 논문

✦ 노승대(2019) 사찰에는 도깨비도 살고 삼신할미도 산다. 불광출판사

✦ 무라야마 지쥰(村山智順) 지음·최길성 옮김(1993) 조선의 풍수. 민음사

✦ 문화재연구소(1992) 봉정사 극락전 수리공사 보고서. 문화재관리국

✦ 문화재청(2007) 학술연구 용역사업 보고서-훈민정음 언해본 이본 조사 및 정본 제작 연구. 문화재청

✦ 문화재청(2012) 부안 내소사 대웅보전 정밀실측 조사보고서. 문화재청

✦ 서영두(2004) 한국의 건축 역사. 공간출판사

✦ 서정호(2010) 한옥의 미. 경인문화사

✦ 소현수(2003) 조선시대 유산기를 통해 본 전통경관 연구-지리산을 중심으로. 서울시립대학교 대학원. 석사학위논문

✦ 손영식(1992) 옛 다리. 대원사

✦ 신영훈 편저(1983) 국보 9-사원건축. 예경산업사

✦ 신영훈(1983) 한국의 살림집(하) 사진자료편. 열화당

✦ 안경전역(2012) 환단고기. 상생출판

✦ 앙투안 마리 로제 드 생텍쥐페리·공나리옮김(2015) 어린왕자. 솔출판사

✦ 양병이 외(1992) 한국전통조경. 도서출판 조경

✦ 윤덕향(1989) 옛 절터. 대원사

✦ 이상균(2011) 조선시대 관동유람의 유행배경. 인문과학연구 31 : pp.167-196.

✦ 이원복(2005) 회화 한국 미의 재발견 6. 솔

✦ 이응묵(1989) 요사채. 대원사

✦ 이장우·우재호·장세후 역(2007) 고문진보 전·후집. 을유문화사

✦ 이중환 지음·이익성 옮김(2006) 택리지. 을유문화사

✦ 이혜순·정하영·호승희·김경미(1997) 조선중기의 유산기 문학. 집문당

✦ 일연 지음·김원중 옮김(2003) 삼국유사. 을유문화사

✦ 임승빈(2014) 경관분석론. 서울대학교 출판문화원

✦ 정병삼(2003) 오늘 나는 사찰에 간다. 풀빛

✦ 정영호(1989) 석탑. 대원사

✦ 정치영(2003) 금강산유산기를 통해 본 조선시대 사대부들의 여행관행. 대한지리학회 학술대회논문집 : pp.182-188.

- 정치영(2005) 유산기로 본 조선시대 사대부의 청량산여행. 한국지역지리학회지 11(1) : pp.54-70.
- 정치영(2006) 유산기로 본 조선시대 사대부들의 여행. 경남문화연구 27 : pp.291-306.
- 정치영(2009) 조선시대 사대부들의 지리산 여행 연구. 대한지리학회지 44(3) : pp.260-281.
- 조인수(2016) 조선시대 도교와 민간회화. 한국민화학회. 한국민화 제 7호. pp.6-29.
- 조정육(2010) 그림공부, 사람공부. 아트북스
- 주남철(2003) 한국주택건축. 일지사
- 진홍섭 편저(1983) 국보 6-탑파. 예경산업사
- 질 포코니에·마크 터너 공저·김동환·최영호 공역(2009) 우리는 어떻게 생각하는가-개념적 혼성과 상상력의 수수께끼. 지호
- 최석기(2000) 조선중기 사대부들의 지리산유람과 그 성향. 한국한문학연구 26 : pp.91-111.
- 코이케 류노스케 저·박재현 옮김(2025) 초역 부처의 말. 포레스트북스
- 한국민족미술연구소(2006) 간송문화 제70호 간송탄신백주년기념. 결출판사
- 한국민족미술연구소(2013) 간송문화 제85호 진경시대화원. 결출판사
- 한국전통건축연구회(1997) 한국전통건축-사찰건축(상). 황토출판사
- 한국전통건축연구회(1997) 한국전통건축-사찰건축(하). 황토출판사
- 한기문·안계복·김광식·임노직·이우종·엄원식·정명섭·황위주·각철스님·김형수·신지혜(2011) 문경문화연구총서 7집-희양산 봉암사. 문경시
- 허균(2013) 한국 전통 건축 장식의 비밀. 대원사
- 홍광표·이상윤(2001) 한국의 전통조경. 동국대학교출판부
- 홍광표·이상윤·정운익(2001) 한국의 전통수경관. 태림문화사

인터넷 자료

✦ http://bongjeongsa.org(봉정사)

✦ http://db.cyberseodang.or.kr/front/main/main.do(동양고전종합DB)

✦ http://psh.krpia.co.kr(백천교와 관인원행)

✦ http://www.gogung.go.Kr(국립고궁박물관)

✦ http://www.heritage.go.Kr(문화재청 국가문화유산포털)

✦ http://www.ibulgyo.Com(불교신문)

✦ https://blog.naver.com/gmg03i/220179642598(감불선원 가사와 장삼)

✦ https://blog.naver.com/ohyh45/20156129972(한국의 귀면와)

✦ https://db.itkc.or.kr/dir/item?itemId=BT#/dir/node?dataId=ITKC_BT_0004A_0220_010_0010(한국고전종합 DB. 동국이상국전집 제20권/잡저–운어)

✦ https://db.itkc.or.kr/dir/item?itemId=GO#/dir/node?dataId=ITKC_GO_1365A_1140_010_0420(한국고전종합 DB. 동문선 제111권/신충랑오재소)

✦ https://db.itkc.or.kr/dir/item?itemId=BT#/dir/node?dataId=ITKC_BT_0036A_0250_010_0160(한국고전종합 DB. 양촌선생문집 제22권/발어류)

✦ https://encykorea.aks.ac.kr(한국민족문화대백과사전. 홍예교)

✦ https://folkency.nfm.go.Kr(한국민속대백과사전)

✦ https://kabc.dongguk.edu/index(불교기록문화유산 아카이브_법원주림)

✦ https://sillok.history.go.kr/main/main.do(조선왕조실록. 국사편찬위원회. 현판과 편액)

✦ https://terms.naver.com/entry.naver?docId=2457160&cid=46660&categoryId=46660 (한국민족문화대백과. 반야용선도)

✦ https://www.mcescher.com

✦ www.bnadc.org.kr(Shree Boudhanath Area Development Committee– Boudhanath stupa 유인물자료)